성공원칙

THE PRINCIPLES OF SUCCESS

성공원칙 THE PRINCIPLES OF SUCCESS

초판 1쇄 찍음 2010년 5월 12일
초판 1쇄 펴냄 2010년 5월 17일

지은이 김성
편집디자인 아르떼203
인쇄 한영문화사

펴낸이 김제구
펴낸곳 리즈앤북

등록번호 제 22-741호
등록일자 2002년 11월 15일
주소 121-841 서울시 마포구 서교동 463-31 플러스빌딩 4층
전화 02)332-4037 **팩스** 02)332-4031
이메일 riesnbook@paran.com

ISBN 978-89-90522-60-3 13300

성공원칙

김성 지음

과감하게 결단하고 신속하게 행동하라

리즈앤북
ries & book

1. 성공이란 무엇인가

인생을 즐겁고 행복하게 살아가는 것이 '성공'입니다.

그런데 그게 왜 안 될까요? 세상이란 제 맘대로 살 수 없기 때문입니다. 그래서 사람들은 늘 원초적인 고민을 하면서 삽니다.

"어떻게 하면 내 인생을 내 마음대로 살 수 있을까? 하루하루 더 나아지는 삶을 살 수는 없을까? 그런 방법을 배울 수 있을까? 방법만 안다면 끊임없이 발전할 수 있을까?"

이런 고민을 하는 이유는 지금보다 더 풍요롭게 살기 위한 것입니다. 그렇다고 물질적 풍요가 넘치는 삶을 살려는 것은 아닙니다. 여유로운 삶을 누리는 정도가 우리의 소박한 소망입니다. 물질보다는 일 또는 인생 자체에 몰입해 즐기면서 산다면 성공한 삶이라고 할 수 있습니다. 즐거움을 느끼면서 일하는 것, 평화롭고 안락한 인생을 살아가는 것, 우리가 진정으로 원하는 것은 그런 행복한 감정입니다. 우리에게는 왜 그렇게 원하는 게 많을까요? 그것을 왜 원할까요? 그것은 행복하고 기분 좋은 느낌을 가지고 살고 싶기 때문입니다. 우리는 누구나 행복감을 느끼며 살고 싶어 합니다.

크게 성공해서 성공 방법에 대한 책을 쓴 앤서니 라빈스라는 사람의 질문이 그래서 우리에게 다가옵니다. '앞으로 10년 또는 15년 뒤에는 나는 어디서 무엇을 하고 있을까?' 이 질문은 중요합니다. 반대로 10년 전이나 15년 전의 나는 무엇이었고 내 꿈은 무엇이었는지를 물어보는 것 또한 중요합니다. 10년이란 세월은 너무 빠르고 나는 해놓은 게 아무 것도 없기 때문입니다.

그러므로 이 질문은 내가 앞으로 10년을 어떻게 살아갈지를 묻는 질문이기도 합니다. 10년 뒤의 나를 위해 지금 무엇을 해야 할지를 묻는 질문입니다. 지금 중요한 것은 무엇이고 장기적으로 중요한 것은 무엇인가. 지금 어떤 행동을 취해야 하는가. 이것이 바로 성공한 사람들이 우리에게 말하고 싶어 하는 내용입니다.

2. 나도 성공할 수 있는가

성공학은 인간이면 누구나 성공이 가능하다는 사실을 바탕에 두고 있습니다. 누구에게나 해당되는 이 평등주의적 원리는 매우 매력 있습니다. 충분히 설득력 있습니다. 그 원리는 몸을 움직이는 것은 정신이기 때문에 성공하겠다고 마음만 먹으면 무의식중에 몸이 움직여 성공에 다다른다는 것입니다.

정신이 행동을 통제한다는 논리는 심리학 또는 종교에서 온 것들입니다. 프로이트나 융의 무의식 이론, 기억 또는 습관 같은 인간 행동 연구를 바탕으로 행동 통제가 가능하다고 말하고 있습니다. 인간의 마음이 우주의 힘(물리적 또는 정신적)이나 신과 교감하여 바라던 일들이 이뤄진다는 주장은 종교적이거나 약간은 신비주의적인 것들입니다. 물리학적으로도 설명이 가능하다고 합니다. 어쨌든 성공학은 그런 논리들을 바탕에 두고 있습니다. 그에 대해서는 많은 사람들의 경험담이 있습니다. 그런 이론의 바탕을 믿으면 이런 선언이 가능해집니다.

1. 마음만 먹으면 누구나 성공할 수 있다.

2. 간절히 원하는 것은 이뤄진다. 꿈을 가지면 반드시 이뤄진다.

3. 생각하면 뭐든지 이루어진다. 꿈을 이루는 것은 인간의 마음이다.

4. 100% 믿으면 100% 이뤄진다.

성공에 대한 책을 여러 권 쓴 웨인 다이어 박사의 다음과 같은 설명을 들어보십시오.

"우리가 지금까지 경험했던 것들을 꺼내어 활용할 수 있다면 무한대의 능력을 발휘할 수 있다. 세상에서 가장 성능이 좋은 컴퓨터를 가동시키는 셈이다. 뇌에는 150억 개의 신경세포가 있다. 15조 개의 정보 연결을 할 수 있다. 분당 100만 개의 정보를 전달하고 축적하고 불러낼 수 있다. 뇌의 용량과 성능은 거의 무한대이다. 그러므로 우리에게 불가능은 없다. 단지 슈퍼컴퓨터를 활용하지 못하는 우리의 무지와 게으름을 탓해야 한다. 우주의 힘과 신의 음성을 듣지 못하는 우리의 차가운 마음을 탓해야 한다."

인간의 두뇌를 퍼스널 컴퓨터로 바꿔놓으면 100층짜리 빌딩 두 개 정도의 공간을 차지한다고 합니다. 이 엄청난 대용량의 기계 중에서 우리는 겨우 빌딩의 한두 층에 해당하는 부분만 사용하고 있습니다. 다섯 층 정도를 사용하는 사람은 보통 사람들보다 훨씬 뛰어날 것입니다. 열 층이나 스무 층 정도를 사용하는 사람은 천재 소리를 들을 것입니다. 우리가 갖고 있는 것이 이만하다면 능력에서는 별로 차이가 나지 않는다고 할 수 있습니다. 단지 누가 더 열심히 많이 활용하느냐에 달려 있을 뿐입니다. '무한'이란 말은 인간의 잠재력을 표현하는 데 가장 적절한 말입니다.

동굴에 살면서 돌도끼로 사냥을 하다가 우주선을 쏘아 올린 것은 다름 아닌 바로 당신과 나, 우리들입니다. 인류 한 사람 한 사람의 힘이 모여서 이룬 이런 업적을 생각하면 인간이 위대하다는 데에 동의할 것입니다. 인간은 고작 수십 개의 부품으로 수레를 조립하다가 수만 개에 이르는 부품으로 자동차를 만들고 수백만 개의 부품을 조립해 비행기를 만들다가 이제는 수천만 개의 부품으로 우주선을 조립해 띄우고 있습니다.

결국 자신의 잠재력을 인정하고 진지한 마음으로 노력하면 누구나 성공할 수 있다는 말입니다.

3. 성공 방법은 무엇인가

성공한 사람들이 말하는 성공의 공식은 대개 비슷합니다. 그런데 너무 상식적이고 너무 간단해서 특별히 비결이라고 생각되지 않습니다. 그러나 이 간단한 과정을 성실하게 수행하는 사람은 거의 없습니다. 그래서 성공하는 사람도 많지 않습니다.

인생에는 오르막과 내리막이 있습니다. 성공으로 가는 단계들을 건너뛰지 않고 성실히 수행하면 성공하지 못하는 경우는 없습니다. 단지 인내가 문제입니다. 그 과정은 다음과 같습니다.

1단계 : 성공하겠다고 결심한다

성공의 과정은 성공하겠다고 마음을 정하는 것으로 시작된다. 성공하기를 진심으로 원하는가. 그렇다면 반드시 꿈을 이루겠다고 굳게 결심을 해야 한다. 간절히 원하는 것은 반드시 이루어진다고 굳게 믿어야 한다. 이 결심과 믿음을 버리지 않으면 누구나 성공할 수 있다.

2단계 : 목표와 계획을 세운다

명확한 목표를 세운다. 목표는 현실적이고 구체적이어야 한다. 모든 것을 감안하여 자신의 능력으로 실행이 가능한 목표여야 한다. 며칠 만에 40km를 뛸 수는 없다. 하루에 1km씩 뛰다가 익숙해지면 거리를 조금씩 늘려나가야 한다. 그렇게 하면 6개월 뒤에는 마라톤 풀코스를 달릴 수 있다.

3단계 : 즉시 행동에 돌입한다

생각을 행동으로 옮겨야 마음먹은 것이 비로소 실현된다. 머뭇거리지 말고 당장 시작한다. '나는 할 수 있다'라고 말하면 그것으로 끝이다. 자신만큼 간단하게 자신을 설득시킬 수 있는 사람은 없다. 구체적인 목표가 있고 그것에 초점을 맞추었다면 분명히 이루어진다.

4단계 : 평가와 방향 수정을 한다

성공하기 위해서는 실패를 각오해야 한다. 큰 실패를 겪어보지 못한 사람은 크게 성공하기 힘들다. 성공이란 시행착오를 무수히 교정해나가는 단계의 마지막 순서에 불과하다. 실험실의 과학자들을 생각해보라. 그들은 무수한 실패를 거쳐 마지막 결론을 얻는다.

5단계 : 보상과 축하를 한다

동기 유발을 위한 좋은 방법은 칭찬이다. 중간 목표를 달성했을 때마다 스스로를 칭찬하고 축하해준다. 성공은 한 번으로 끝나지 않는 일련의 과정이며 지속적인 삶의 일부분이다. 목표를 이룬 다음에는 다시 다음 목표를 향해 달려가야 한다. 그것이 인생이다. 끊임없이 도전하고 성취하는 것이 진정한 성공이다. 이 즐거움이야말로 동기 유발의 가장 큰 요인이다. 그러므로 끊임없이 도전하라.

성공의 방법은 이렇게 간단합니다. 그러나 쉽게 이뤄지지 않습니다. 이 책은 그 이유가 뭔지 말하고 있습니다. 쉽게 이룰 수 있는 방법이 있다고 설명합니다.

성공하고 싶다면 생각을 조금만 바꿔보십시오. 마음만 먹으면 누구나 성공할 수 있습니다. 당신은 지금 당신이 생각하고 있는 것보다 훨씬 더 큰 존재입니다. 누군가가 할 수 있었다면 누구나 그렇게 할 수 있습니다.

contents

머리말

–생각을 바꾸면 누구나 성공한다

성공의 길로 가기 위한 준비 지침 3

제1부 간절히 원하면 이뤄진다

제1장 성공하겠다고 결심하라

제2장 성공의 조건을 갖춰라

제2부 성공하려면 변화하라

성공의 길로 가는 실천 아이디어 12

제1장 결심 : 꿈이 없으면 만들어낸다

제2장 확신 : 스스로를 100% 믿는다

제7장 감정 : 마음으로 몸을 지배한다

제8장 행동 : 실행이 없으면 얻을 수 없다

제12장 기록 : 문자의 힘을 이용한다

맺는말

–나는 내가 생각하는 것보다 훨씬 큰 존재다

THE PRINCIPLES OF
SUCESS

제1부

간절히 원하면 이뤄진다

성공의 길로 가기 위한 준비 지침 3

성공하겠다고 결심하라

"어떻게 하면 내 인생을 내 마음대로 살 수 있을까? 하루하루 더 나아지는 삶을 살 수는 없을까? 그런 방법을 배울 수 있을까? 방법만 안다면 끊임없이 발전할 수 있을까?"

1. 인간은 완벽한 존재다

지구상에 존재하는 생물 중에서 인간만큼 완벽한 존재는 없다. 그러나 자신을 완벽하다고 생각하는 사람은 거의 없다. 아무리 자신만만한 사람이라고 해도 그렇게 생각하기에는 뒤가 좀 켕긴다. 살아오면서 자신이 해왔던 일들을 생각해보면 왠지 되다 만 인간처럼 생각된다. 자신에게 불만이 없는 인간은 없다. 그래서 늘 남과 비교하고 성공한 사람들과 비교하고 자신을 비하하면서 살아가는 사람들이 대부분이다.

물론 그런 사람들도 성공한 사람의 행동이나 아이디어를 본받아보려고 하지 않았던 것은 아니다. 나도 저렇게 되어 봐야지, 무수히 결심했었다. 하지만 뜻대로 되지 않는다. 그것은 내가 부족하기 때문이 아니다.

자신이 완벽하지 않다고 생각하고 있기 때문이다. 이 지점이 성공할 수 있느냐 없느냐의 갈림길이다.

성공하기 위한 전제 조건은 자신이 '완벽하다'는 것을 인정해야 한다는 점이다. 이 생각이 가장 중요하다. 잠재력을 최대로 발휘하면 인간은 누구나 완벽해질 수 있다. 엄청난 잠재력이 나에게도 있다는 것을 인정해야 한다. 그걸 인정하지 않으면 성공에 대한 동기 유발, 즉 성공하려는 생각이 들지 않는다. 그래서 누구나 성공을 바라지만 정작 성공하는 사람은 별로 많지 않다.

누구나 완벽해질 수 있다 >>>

인간이 완벽하다는 개념은 특별한 것이 아니다. 주위를 둘러보자. 자세히 보면 세상 만물이 제각각 완벽하지 않은 것이 없다. 사람도 예외는 아니다. 나무나 꽃을 보면 그 모습이나 기능이 완벽하다. 돌고래도 완벽하고 연어도 완벽하다. 기린, 얼룩말, 고양이, 모두 완벽하다. 하늘, 바다, 강, 언덕, 모두 완벽하다. 자연 속에 있는 것들은 다 완벽하다. 변화하면서도 완벽한 상태를 유지한다.

우리도 성장하고 변화하면서 수만 가지 모습을 보여주고 있지만 늘 완벽한 생물체로 존재한다. 이렇게 변화하면서 살고 있는 우리가 완벽할 수 있는 것은 보이는 그대로의 자기 모습을 긍정적으로 받아들이면서 동시에 전혀 다른 모습으로 성장해갈 수 있는 능력을 갖추고 있기 때문이다. 우리는 동물이나 식물들의 행동과 모습을 보면서 완벽하다고 감탄한다. 그러나 자신이 완벽하다는 생각은 하지 않는다. 결점투성이라고 생각한다. 늘 불만스럽게 바라본다. 이것은 잘못된 것이다.

태어난 것이 기적이다 ▶▶▶

인간은 단시간 동안에 뚝딱뚝딱 대충 만들어진 존재가 아니다. 수십억 년에 걸친 진화의 결과다. 진화란 세밀하게 다듬어져가는 수많은 과정의 축적이다. 지금 우리의 모습은 수많은 시행착오와 돌연변이를 거친 결과물이다. 갈고 닦고 쌓인 변화의 결과물이다. 그래서 우리의 지금 모습은 완벽하게 다듬어진 작품이다. 한 사람 한 사람이 육체적으로 가장 훌륭하고 아름다운 모습을 하고 있다. 정신적으로는 엄청난 파워를 지니고 있다. 자연 속에서 완벽한 조건을 갖추고 살아갈 수 있게 조율된 모델이다. 육체와 정신 모두가 지구에서 가장 훌륭한 존재라고 할 만하다.

그러므로 우리는 자신의 능력과 가치에 얼마든지 자부심을 가져도 된다. 그러나 여전히 미심쩍은 생각을 버리지 못한다. 자신은 그럴 듯한 일을 해내기에는 한참 모자라는 인간이라고 생각한다. 꾸중과 핀잔과 힐난만 받으며 살아온 일생이 눈앞에 떠오른다. 그러니 남들의 지시나 받으면서 그럭저럭 욕먹지 않을 정도로 일하고 사는 것만으로도 다행으로 여기고 산다. 이것이 늘 삶의 가장자리에 살고 있는 우리 모습이다.

삶의 중심에 서는 것, 성공에 가장 중요한 것은 이것이다. 한 인간이 완벽하다는 것은 그가 자기 삶의 중심에 서서 살고 있다는 뜻이다. 자신의 됨됨이와 무한 능력을 인정한다는 뜻이다. 자신이 결정하고 스스로 성장 발전하여 숨어 있는 능력을 개발하고 더 높은 경지에 다다르기 위해 노력한다는 뜻이다. 삶의 중심에 서면 인간은 누구나 자기 안의 완벽한 존재를 다시 일깨울 수 있다.

한 인간이 세상에 태어났다는 것은 기적 같은 일이다. 생명은 모든 조건이 완벽하게 맞아 떨어져야 만들어진다. 우리는 그 완벽한 순간을 거쳐 세상에 나온 것이다. 그래서 인간은 완벽한 작품이며 누구 하나 완벽한 존재가 아닌 사람이 없다. 보는 입장에 따라 다를 수 있지만 사람은 누구나 고유의 성질과 능력을 타고 난 완성품이다. 단지 그것을 깨닫지 못하고 제대로 활용하지 못할 뿐이다. 세상에는 누구도 따라올 수 없을 만큼 음식을 잘 만드는 사람이 있는가 하면 복잡한 숫자를 분석하는 데 천재적인 사람도 있고 그림을 기가 막히게 잘 그리는 사람도 있다.

생각하면 이룰 수 있다 ▶▶▶

우리의 능력은 무한하다. 우리에게는 자신의 머리로 생각하고 마음먹은 것은 모두 다 해낼 수 있는 능력이 있다. 단지 그렇게 할 수 있다는 것을 깨닫지 못하면 그렇게 할 수 없다. 또 그것을 행동에 옮기지 못하면 깨달았다 해도 소용이 없다. 행동으로 옮겨도 지속하지 못하면 결과가 다르게 나타난다. 인간은 할 수 있다는 생각을 갖고 실행하여 멈추지 않으면 무엇이든지 할 수 있다.

우리가 완벽한 존재라면 결코 무능할 수 없다. 능력 역시 무한하다.

우리는 최고의 존재이며 우리가 갖고 있는 능력으로는 생각하고 마음먹은 것이라면 뭐든지 다 할 수 있다. 능력은 충분하다. 그러므로 지금 이 순간 어떻게 생각하느냐에 따라 운명이 달라진다.

"생각이 바뀌면 행동이 바뀌고 행동이 바뀌면 습관이 바뀌고 습관이 바뀌면 인격이 바뀌고 인격이 바뀌면 운명이 바뀐다." 정말로 그럴까? 정말로 그렇다. 그냥 해보는 소리가 아니라 성공한 사람들에게 물으면 하나같이 말하는 성공 비결이 이것이다. 그들은 대부분 지금 우리가 처한 상황보다 더 어렵고 힘들게 살았다. 그러나 우리보다 훨씬 나은 경지를 이뤘다. 그리고 그들이 말하는 성공 비결에는 예외가 없다.

하지만 세상일이란 생각대로 되는 게 그리 많지 않다. 무한한 능력을 가진 완벽한 존재에게 왜 그런 일이 일어날까? 어떤 일이 생각대로 되지 않았다면 그것은 생각이 간절하지 않았거나 마음 한구석에 의심이 자리 잡고 있기 때문이다. 자신은 의식하지 못하고 있지만, 안 돼, 설마, 이런 의심들이 있다. 100% 굳게 믿으면 이루어지게 되어 있다. 인간은 그렇게 만들어져 있기 때문이다.

우리 뇌는 잠재의식을 통해 우리가 잊어버리고 있는 것도 기억한다. 24시간 쉬지 않고 작동하면서 우리를 끊임없이 바꾸어 나간다. 결국 우리 생각이 우리를 끊임없이 바꿔나가는 것이다. '나는 돈과 인연이 없어.'라고 생각하면 가난하게 살도록 스스로에게 명령을 내리는 것이다. 우리 스스로의 생각이 우리를 만들어갈 뿐, 외부에서 누군가가 우리를 만들어주는 것은 아니다.

뒤집어서 말하면 인간이란 자신의 생각을 행동으로 옮기면서 살아가는 존재라고 할 수 있다. 그러므로 인간은 그가 하루 종일 하고 있는 '생각' 자체라고 할 수 있다. 그러므로 사람의 인생이란 그 사람이 어떤 생각을 하고 있느냐에 달려 있다. "난 왜 이럴까?" "되는 일이 하나도 없잖아." "나라는 인간이 어련하겠어?" "모두들 나를 밟으려고 기를 쓰고 있구만." "최악이야. 더 이상 나빠질 것도 없네." "정말 재수가 하나도 없는 날이군." 하루 종일 이런 생각만 하고 있다면 그는 정말 그런 사람인 것이다.

그러므로 성공은 자신의 선택에 달려 있다. 안 된다고 생각하면 안 되는 것이다. 맥스웰 몰츠가 쓴 〈사이코사이버네틱스의 원리〉에 의하면 '인간은 기계가 아니지만 내부에 기계를 가지고 있으며 그것을 활용한다.'고 한다. 뇌는 간직된 이미지를 중심으로 사고한다. 자신이 갖고 싶은 이미지를 의도적으로 생각해내면 뇌는 거기에 맞춰서 살도록 자동적으로 지속적인 피드백을 제공한다. 단, 피드백의 강도는 자신이 그 이미지를 얼마나 신뢰하느냐에 달려 있다. 결국 우리 자체가 목표인 셈이다.

나는 최고의 존재다 >>>

우리는 세상을 살면서 성공보다는 실패를 많이 경험한다. 성공했을 때의 즐거운 경험보다는 실패했던 때의 쓰라린 경험이 더 오래 마음에 남는다. 그래서 우리 마음에는 안 될 거라는 부정적인 생각이 지배적으로 자리를 잡고 있다. 인간이란 자신의 경험에 비추어보아 누구나 자신을 100% 믿지 못하는 것이다.

우리에게는 위험을 피하려는 동물적 본능이 자리 잡고 있다. 학교와 직장에서는 위험한 짓은 아예 하지 말라고 귀에 못이 박히도록 가르친다. 어른들은 사고 나면 골치 아프기 때문에 애들이 이상한 짓을 하는 게 싫다. '안 돼!'라고 늘 경고 메시지를 보낸다. 우리 마음 밑바닥에는 오래전부터 '안 돼!'라는 고함소리가 입력되어 있다. 그래서 이미 경험한 일이나 손에 익은 일만 하려고 한다. 안전하다는 것을 알고 있기 때문이다.

어려운 점은 바로 이것이다. 우리는 자신이 최고의 존재이며 상상을 초월하는 잠재력을 지니고 있다는 생각을 쉽게 할 수 없게 되어 있다. 생각하는 것은 뭐든지 할 수 있어, 나는 최고야, 무한한 잠재력이 있어, 이렇게 100번을 되뇐다 해도 마음속으로는 100% 믿지 못한다. 그러므로 성공의 첫 단계는 이 벽을 깨는 것이다. 스스로를 믿는 것이다. 자신의 삶을 스스로 결정하여 스스로 실천하려는 마음가짐이다.

100% 자신을 믿기 위해서는 긍정적이고 안정된 마음을 유지하는 것이 중요하다. 언제나 낙관적으로 잘 될 거라는 확신을 가져야 한다. 긍정적으로 생각하는 습관을 만들어야 한다. 행복한 마음으로 즐겁게 일하는 태도와 미소가 습관이 되어야 한다. 마음먹고 하는 일은 뭐든지 성공한다는 긍정적인 생각이 습관이 되어야 한다. 남의 험담을 하지 않고 누구든 도와주려는 생각이 습관이 되어야 한다. 생각은 곧바로 행동으로 나타난다. 그것을 여러 번 반복하는 동안 습관이 된다. 자신이 최고라고 생각하는 것도 습관들이기 나름이다.

나폴레온 힐은 "마냥 원하기만 하는 것과 원하는 것을 받을 준비가 되어 있는 것은 다르다. 정말로 얻을 수 있다고 믿어야 준비되었다고 할 수 있다. 단순한 소망이나 희망이 아니다. 신념을 가져야 한다. 조금도 의심하지 않을 만큼 굳게 믿어야 한다. 조금도 흔들리지 않아야 한다. 그리고 무엇을 원하는지 스스로 알아야 한다."고 말한다.

100% 믿으면 100% 이뤄진다 >>>

모든 일은 마음에 달려 있다. 세상 모든 것이 우리 마음에서 비롯된다. 정보를 받아들이고 생각하고 행동하는 것은 바로 우리 자신이다. 생각하고 느끼고 행동하는 것은 누가 대신 해줄 수 없다. 나만이 할 수 있다. 내가 없어진다면 세상 모든 것들은 내게 아무런 의미가 없어진다. 그러므로 나라는 존재는 아주 유일하고 특별한 존재다.

그 존재의 능력은 무한해서 머리로 생각하고 마음먹은 것은 모두 다 할 수 있다. 단지 무엇이든지 이룰 수 있다는 것을 자각하느냐 못하느냐, 행동에 옮긴 다음 지속하느냐 못 하느냐에 따라 결과가 다를 뿐이다. 할 수 있다고 생각하고 시도하면 무엇이든지 할 수 있게 되어 있다.

그러므로 생각이 바뀌면 운명이 바뀐다. 성공한 사람들은 이 과정을 거쳤던 사람들이다. 100% 굳게 믿으면 행동으로 자연스럽게 나온다. 그러면 습관이 된다. 그 과정을 거쳐 생각이 현실로 이루어지게 된다. 그러므로 반드시 이뤄진다는 믿음을 가져야 한다. 이뤄지지 않을 것처럼 보이는 일도 천천히 확실하게 실천하면 이뤄진다. 믿음이 깊어지면 기적이 일어나는 것도 불가능하지 않다.

간절히 원하면 이뤄진다 ▶▶▶

샥티 거웨인은 간절히 원하면 이뤄지는 원리를 자신의 책 〈간절히 원하면 기적처럼 이루어진다〉에서 이렇게 설명한다. 여기서 '창조적 시각화'란 바라는 바를 영상으로 떠올리는 일이다.

"'창조적 시각화'는 가장 진실하고 고귀한 언어적 의미의 마법이다. 꽃을 본 적이 있는 사람은 꽃이 피는 것을 당연하게 생각한다. 꽃을 본 적이 없는 사람에게 말로 그것을 설명하면 그는 그것을 기적으로 여길 것이다. 창조적 시각화도 마찬가지이다.

인간은 늘 마음속에 영상을 떠올리며 산다. 그 방식은 무의식적이다. 하지만 실현하고 싶은 일의 영상을 의식적으로 머리에 떠올리는 일은 그 일을 현실로 만드는 가장 간단한 방법이다. 잠자기 직전, 아침에 깨어났을 때, 명상 중, 강변이나 숲속에 있을 때 알파파가 나타난다. 그때 자신에게 가장 좋은 것, 진실로 행복을 가져다줄 것을 떠올린다. 그러면 순식간에 상황이 변한다.

창조적으로 시각화하거나 긍정적인 결과나 상태를 확신할 때 인간의 생각의 에너지가 방출되어 우주는 물질이나 사건의 형태로 그것에 반응한다. 창조적 시각화는 원하는 삶의 '씨를 뿌리는 것'이다.

영상을 떠올리는 일이 잘 안 되면 말로 하는 것도 효과가 있다. "나는 최고가 될 자격이 있다. 지금 그것이 이뤄지고 있다."고 말하라. 현재 시제로 말해야 하며 주어는 '나'이고 반드시 그것을 행동으로 나타내는 동사가 포함되어 있어야 한다."

무작정 바라지 말고 믿는다 ≫≫

'잠재의식의 힘'을 주장한 조셉 머피 박사는 '잠재의식은 현실로 드러날 이미지를 미리 찍어내는 암실'이라고 설명한다. 일어나지 않은 일을 미리 보는 것이다. 직관이 틀리지 않는 것은 바로 이것 때문이다.

잠재의식은 습관적인 행동과 생각에 반응한다. 일상의 모든 습관을 받아들인다. 부정적인 생각을 하면 잠재의식에 인식된다. 그러면 어떤 일을 경험할 때 그것이 나타나게 된다. 나쁜 일들이 갑자기 일어나는 것 같지만 그렇지 않다. 우리 잠재의식 안에 자리 잡고 앉아서 등장하기만을 기다리고 있는 것이다.

잠재의식을 사진과 같은 것으로 이해하면 어려움 없이 삶을 변화시킬 수 있다. 마음의 이미지만 바꿔도 습관을 바꾸고 새로운 생활을 할 수 있다. 마음속의 이미지가 생각에 영향을 미치기 때문에 그 이미지를 바꾸면 자신을 새롭게 만들 수 있다.

변화가 어렵지 않다고 생각하면 잠재의식은 그 믿음에 가장 잘 반응한다. 생각만 해도 잠재의식이 스스로 알아서 반응한다. 어떤 식으로 작동하는지 알 필요는 없다. 작동 방식과 상관없이 잠재의식의 능력을 믿는 것이 중요하다. 마음의 장면을 바꾸면 인생을 바꿀 수 있다.

그러므로 무작정 바라지 말고 믿어야 한다. 사업가가 되기를 바라지 말고 사업가가 되었다고 믿어야 한다. 조금도 의심하면 안 된다. 지금 당장 뭔가가 일어나고 있고 내 손 안에 들어오고 있다고 믿어야 한다. 그리고 감사하면 된다.

플로렌스 스코벨 쉰은 〈인생의 게임에서 승리하는 믿음의 법칙 10〉을 이렇게 설명하고 있다. "믿음을 가지는 것만으로는 부족하다. 바라는 것이 진심으로 이뤄지기를 원한다는 것을 잠재의식에게 설명해야 한다. 아무런 기미가 없더라도 자기가 바라는 것에 대한 준비를 미리 해둬야 한다. 적금통장을 개설하고 맑은 날에도 우산을 준비해야 한다." 얻을 순간을 위해 미리 길을 준비해놓는 것이다. 풍요로운 생활을 바란다면 그것이 실현되기 전에 풍요의 느낌이 마음 속에 자리잡아야 한다.

더 나은 삶을 선택한다 >>>

자신을 100% 믿는 것은 쉬운 것 같아도 어려운 일이다. 사람은 누구나 무수한 실패를 겪기 때문에 어느 정도는 스스로를 의심한다. 자신이 완벽한 존재라는 걸 믿지 않기 때문에 이뤄지리라고 굳게 믿으면서도 마음 한구석에는 그것을 의심하는 생각이 조금이라도 남아 있게 마련이다. 자기 두뇌가 슈퍼컴이라는 사실을 받아들이기 쉽지 않다. 학교 공부도 제대로 소화해내지 못했고 보고서 하나 쓰면서도 낑낑거리는데 아무리 100% 믿으려고 해도 믿을 수 없는 구석이 늘 남아 있다.

"내 인생을 내 마음대로 살 수 있는 방법이 없을까? 내일을 오늘보다 더 낫게 살 수 없을까? 그런 방법과 노하우를 어디서 배울 수 있을까? 그걸 배운다고 발전할 수 있을까? 다른 이들에게도 그것을 가르쳐줄 수 있을까?"

우리 모두는 자기 안에 개발되지 않은 재능과 자질과 천재성을 가지고 있다. 신은 특정한 사람만을 특별히 좋아하지는 않는다. 인간은 누구나 특별하다. 같은 사람은 하나도 없다. 그러므로 기회는 누구에게나 동등하다. 꿈을 현실로 만드는 데 필요한 자원은 우리 안에 있다. 단지 그것을 일깨우고 활용하는 일만 남아 있을 뿐이다.

하는 일이 뜻대로 되지 않으면 우리는 대개 자신이 처한 상황을 탓한다. 그러나 상황 때문에 우리가 발전을 하지 못하는 것은 아니다. 자신이 지금 어떤 처지에 있는가는 상관없다. 지금까지 이룬 것보다 더 많은 것을 이룰 수 있다. 무엇이든지 바꿀 수 있다. 그러나 변화는 지속적이어야 한다. 변화는 일시적인 움직임이 아니다. 평생 변화해야 한다. 일시적인 다이어트는 하지 말아야 한다. 다이어트가 평생 계속될 때 나만의 건강법이 된다.

위험하지 않은 일은 없다 ▶▶▶

도전하지 않고는 변화할 수 없고 새로운 것을 얻을 수 없다. 뭔가를 이루려면 도전해야 한다. 도전에는 위험이 따른다. 자신이 원하는 삶을 살기 위해서는 변화해야 하고, 변화하기 위해서는 도전해야 하고, 도전하기 위해서는 위험을 감수해야 한다. 그러나 우리는 위험한 것은 본능적으로 피하려고 한다.

그래서 자기 의지에 따라 사물을 판단하고 자기가 선택해서 행동하기보다는 주어진 환경에 맞추어 사는 방법을 택한다. 모험은 아예 하지 않으려고 한다. 그렇게 훈련되어 있다. 그래서는 변화할 수 없고 변화하지 않으므로 발전하지 못한다. 더 큰 일은 해볼 기회마저 없다. 그러나 따져보면 세상에 위험하지 않는 일이란 거의 없다.

직업을 선택하는 일이나, 다른 동네로 이사를 가는 일이나, 사람을 만나는 일이나, 거리를 산책하는 일마저도 모두가 위험을 안고 있는 일들이다. 세상의 일이란 도전 아닌 것이 없다. 새로운 시도란 이전 상태에 변화를 주기 때문에 도전이다. 그러나 실패하기 싫고 창피 당하기 싫다. 그렇다면 새로운 시도를 할 수 없고 지금과 다른 삶을 추구할 수 없다. 그냥 살던 대로 살아야 한다.

실패가 손해는 아니다 >>>

지금 자신의 처지가 어떻든 삶에는 도전이 필요하다. 대충 적응하면서 계속 지금처럼 살 것인가 원하는 일을 하면서 새롭게 살 것인가. 변화 없는 생활을 할 것인가 단계적으로 목표를 이루며 점점 나아지는 삶을 살 것인가. 이것은 반드시 선택해야 하고 자신에게 물어보아야 할 일이다. 변화와 성공을 바란다면 도전해야 한다. 좀 더 나은 인간으로 발전하고 좀 더 바람직한 삶을 살려면 도전을 해야 한다.

발전하고 성장하고 싶은 욕구는 인간만이 가지고 있는 특성이다. 새로운 일을 시도할 때 감수해야 할 위험은 원하는 것을 성취하기 위해 치

러야 할 기회 비용이다. 그것이 두려워 아무 것도 하지 않는다면 그 시간
이야말로 낭비의 시간이다. 위험을 감수하고 새로운 시도를 했다가 실패
하는 편이 차라리 낫다. 그 시간은 발전의 시간이다.

새뮤얼 스마일즈는 〈자조론〉에서 우리에게 예술가들의 노력과 실험
정신과 도전 정신을 강조한다.

"우리는 예술가들이 폭발하는 창조력으로 단숨에 대작을 만들어낸
다고 생각한다. 그러나 예술가들만큼 부지런하고 과감한 사람은 없다.
유명한 예술가들일수록 수 년 또는 수십 년 동안 시행착오와 새로운 시
도를 거쳐 명작을 만들어낸다. 명작은 재능으로 만드는 것이 아니라 자
신의 비전을 실현시키기 위해 끊임없이 노력하는 그들의 근면과 의지로
만들어진다. 우리들 대부분은 미켈란젤로처럼 몇 개월씩 드러누워서 시
스틴성당의 천장 벽화를 그리지는 못했을 것이다. 음악가들의 피나는 노
력을 생각해보라. 천재란 곧 인내하는 사람이다. 용기는 필사적으로 싸
우려는 전투적인 성향이 아니라 자립을 재확인하는 날마다의 작은 결심
이다."

위험을 두려워하는 것은 당연한 태도이다. 그럼에도 불구하고 위험
을 감수하는 것은 위험과 실패가 꼭 손해는 아니기 때문이다. 그 속에는
나에게 이득이 되는 것들이 있다. 최소한 교훈을 얻을 수 있으므로 실패
하더라도 손해는 보지 않는다.

시도하지 않으면 얻는 것도 없다 >>>

세상을 살아가면서 우리는 수많은 장애물을 만난다. 그러나 수많은 사람들이 그런 위험을 어떻든 자기 나름대로 해결하면서 살고 있다. 위험은 상존하지만 그것 때문에 인생을 망치는 사람은 거의 없다. 그러므로 위험 감수에 익숙해져야 한다. 성공하고 싶다면 지금부터는 의도적으로 위험을 감수하고 새로운 시도를 해야 한다. 위험을 감수해야 더 큰 것을 얻을 수 있다.

조금 부족하고 준비가 미진하더라도 일단 시도하는 것이 좋다. 상황이 불리한 것만 생각하고 있으면 새로운 시도를 할 수 없다. 새로운 시도를 하지 않으면 발전도 얻는 것도 없다. 상황이란 늘 바뀌게 마련이다. 특히 행동이라는 변수가 더해지면 상황은 당연히 변하게 되어 있다. 의지를 가지고 덤벼들면 대개는 생각보다 유리하게 돌아간다. 시도하기 전에는 불안감과 두려움이 상대적으로 커서 상황을 좀 과장해서 비관적으로 보기 때문이다. 그래서 부딪쳐보면 위험하다는 생각이 그렇게 크게 들지 않는다. 그러므로 위험은 피하려고 하면 더 크게 보인다. 위험은 피할 대상이 아니라 마주칠 대상이다. 위험을 감수해야 할 이유를 분명히 알고 있으면 마주칠 수 있다. 마주서기만 하면 상황은 호전된다.

번지 점프를 하려고 서 있으면 누구나 떨린다. 당연한 현상이다. 하지만 일단 점프를 하면 두려움은 어디로 갔는지 보이지 않고 쾌감이 밀려온다. 위험을 감수하는 일은 이와 비슷하다. 한 번 경험하게 되면 자신감이 커진다. 큰 위험을 감수할수록 자신감이 더 커진다. 그러므로 꿈을 성취하려는 강렬한 동기를 찾아내는 것이 우선 필요하다. 동기가 클수록 두려움을 쉽게 이겨내고 뛰어내릴 수 있다. 우리는 누구나 커다란 날개를 가지고 있는 독수리들이니 앉아 있지만 말고 한번 날아봐야 한다.

마음가짐이 중요하다 >>>

인간의 능력이 비범하다고 해서 누구나 성공하지 못하는 이유는 뭘까. 성공한 사람들이 많지 않은 것은 대부분의 사람들이 좀 더 나은 삶을 살겠다는 적극적인 의지를 가지고 있지 않기 때문이다. 세상은 다 비슷비슷하다거나 그렇고 그런 것이라는 식으로 하루하루를 살아간다. 오늘보다 나은 내일을 기대하지 않는다. 성공은 어렵지 않다. 우리 자세가 문제일 뿐이다. 꼭 이뤄내겠다고 마음만 먹으면 모든 것은 스스로 풀린다.

1. 결과는 내 탓이므로 아무에게도 핑계대지 않는다.
2. 결정한 것은 반드시 이루고 말겠다고 결심한다.
3. 간절히 원하는 것은 이루어진다고 굳게 믿는다.
4. 원하는 일과 원하는 결과를 구체적으로 기록한다.
5. 구체적인 실행 계획을 세워 즉시 실천한다.

간단하다. 꿈을 이루는 데 가장 중요한 것은 마음가짐이다. 반드시 성공하겠다는 결심이 굳으면 굳을수록 성공 확률이 높다. 성공한 사람들의 사례를 보면 하나 같이 결심이 아주 굳었다는 것을 알 수 있다. '이것 하나만은 반드시 해내고 말겠다.'고 굳게 결심해야 한다. 날마다 그것을 주문처럼 외우는 것도 효과가 있다.

"자네가 무언가를 간절히 원하면 온 우주가 그 소망이 이루어지도록 도울 걸세. 누구나 간절히 원하면 이루어진다는 이 지구의 위대한 진리 때문이야. 소망이라는 건 본래 우주의 영혼에서 발생되는 것이거든. 그걸 실현하는 게 이 땅에서 자네가 맡은 임무라네." 파울로 코엘료의 〈연금술사〉에 나오는 대사다.

내 인생은 나만이 살 수 있다 ▶▶▶

모든 것은 내 마음에서부터 시작된다. 세상을 살아가는 것은 바로 나 자신이고 내 인생의 주인은 나 자신이기 때문이다. 그러나 대부분의 사람들은 그런 자각을 거의 하지 못하고 살아간다. 사회가 복잡해져서 서로 얽혀 살기 때문에 개별성보다는 그저 큰 덩어리의 일부분으로 자신의 정체성을 애매모호하게 설정한다.

그러나 나는 이 세상에 단 하나밖에 없는 유일한 존재이다. 그러므로 우리는 모두가 특별한 존재이다. 내가 생각하고 느끼고 행동하는 모든 것은 나만이 할 수 있다. 내가 살아가는 인생은 나만이 살 수 있는 시간들이다. 스티븐 코비는 성공하는 사람이 되려면 '주도적이 되어라. 인간은 자극에 대한 반응을 늘 선택할 자유가 있다. 가족이나 사회가 정해준 각본에 따라 살 필요가 없다. 우리는 반응하는 기계가 아니다.'라고 충고하고 있다.

〈위대한 생각의 힘〉에서 제임스 앨런은 '인간의 생각은 그가 원하는 것을 가져다주는 것이 아니라 그의 모습을 이끌어낸다.'고 말했다. 성공이란 뭘 얻는 것이 아니라 스스로가 성공한 존재가 되는 것이라는 주장이다. 고상한 생각은 고상한 사람을 만들어내고 부정적인 생각은 불행한 사람을 만든다. 하루 종일 어떤 생각을 하느냐에 따라 그 사람의 모습이 정해진다. 상황이 인간을 만드는 것이 아니라 인간의 내면이 상황으로 드러난다. 그러므로 누구도 상황 탓을 할 수 없다. 모든 것은 자신에게 달려 있다. 자기 안의 가능성을 찾아내는 것은 자신이다.

"풍요는 돈의 문제가 아니다. 풍요로워지는 길은 없다. 풍요로움 자체가 길이기 때문이다. 풍요로움은 결핍과 마찬가지로 마음의 상태다. 많이 가졌는가의 문제가 아니라 어떤 존재인가가 문제다. 풍요로운 마음을 가진 사람은 가진 것에 만족할 줄 안다. 궁핍한 마음을 가진 사람은 늘 부족하다는 생각으로 산다. 제임스 앨런의 말처럼 '상황이 인간을 만드는 것이 아니라 인간의 내면이 상황으로 드러나는 것뿐이다.' 자신을 완벽한 존재로 인식하기 전에는 성장할 수 없다. 부족한 것에 초점을 맞추지 말고 '우리는 이미 다 갖추고 있다.'고 생각함으로써 스스로를 개발하고 성장할 수 있다."

웨인 다이어 박사가 그의 책 〈리얼 매직〉에서 한 말이다.

제2장

**성공의
조건을
갖춰라**

"우리는 수십억 년에 걸친 진화의 결과물이다. 육체적으로는 지금
모습이 가장 훌륭한 상태이며 정신적으로는 엄청난 잠재력을 지녔
다. 인간은 육신과 정신 모두가 최상인 생물이다."

1. 자신의 능력을 인정한다

인간의 두뇌를 퍼스널 컴퓨터로 바꿔놓으면 100층짜리 빌딩 두 개의
공간을 차지할 정도의 규모라고 한다. 이 엄청난 대용량의 기계 중에서
우리는 겨우 빌딩의 한두 층에 해당하는 부분만 사용하고 있다. 다섯 층
정도를 사용하는 사람은 보통 사람들보다 훨씬 뛰어날 것이다. 열 층이
나 스무 층 정도를 사용하는 사람은 천재 소리를 들을 것이다.

우리 능력이 이만하다면 우리는 누구나 능력에 있어서는 별로 차이
가 나지 않는다고 할 수 있다. 단지 누가 더 열심히 많이 자기 뇌를 활용
하느냐에 달려 있을 뿐이다. 누구나 천재가 될 수 있고 누구나 능력은
비슷하다. '무한'이란 말은 인간의 잠재력을 표현하는 데 가장 적절한 말

이다.

누구나 특별해질 수 있다 >>>

　　동굴에 살면서 돌도끼로 사냥을 하다가 우주선을 쏘아 올린 것은 다름 아닌 바로 당신과 나, 우리들이다. 인류의 이런 발전을 생각하면 인간이 위대하다는 데에 동의할 것이다. 인간은 고작 수십 개의 부품으로 수레를 조립하다가 수만 개에 이르는 부품으로 자동차를 만들고 수백만 개의 부품을 조립해 비행기를 만들다가 이제는 수천만 개의 부품으로 우주선을 조립해 띄우고 있다. 짧은 시간 동안에 도저히 상상도 할 수 없는 경지에 이른 것이다.

　　누구나 우주선을 쏘아 올릴 수 있는 건 아니라고? 하지만 그 발전의 범위와 속도를 개인에게 적용해보면 엉뚱한 이야기가 아니다. 자신을 총체적으로 계발하면 인간에게는 그만한 발전이 가능해진다. 생각하고 느끼고 행동하는 방법을 알면 가능하다. 능력을 그대로 두면 평범할 뿐이지만 상식의 울타리를 벗어나면 누구나 특별해질 수 있다. 그것은 자신도 전혀 모르고 있던 자신의 모습이다.

꿈은 간절한 소망이다 >>>

　　자신의 성향은 바꾸기는 어렵지만 자신의 재능을 개발해서 활용하고 통제할 수는 있다. 가장 중요한 것은 그것을 '어떻게' 하겠다는 계획, 즉 꿈이 있어야 통제가 가능하다는 점이다. 꿈은 미래의 집을 짓는 설계도다. 목적지로 가는 지도다. 꿈이 있다면 어떤 상황에서도 잠재력을 발견해 꿈을 이룰 방법을 찾을 수 있다.

'그렇게 되었으면 좋겠다.'는 것은 막연한 소망이지 꿈이 아니다. '꼭 이루고 싶다.' 또는 '꼭 이뤄야겠다.'고 간절하게 바라거나 굳게 결심해야 꿈이 된다. '일본어를 배웠으면 좋겠다.'거나 '프랑스 여행을 갔으면 좋겠다.'는 것은 꿈이 아니라 막연한 소망이다. '꼭 배우고 싶다.' '꼭 가고 싶다.'는 것이 꿈이다. '꼭 배우겠다.' '꼭 가겠다.'는 것은 미래에 이루겠다는 것이다. 미래에 이뤄질 현실을 자신에게 선언하는 것이 꿈이다.

꿈은 이루어져야 꿈이다. 그러므로 마음속에 담아두고 굴리기만 하면 꿈이 아니다. 이루기 위해 절실한 마음으로 최선을 다해 노력해야 꿈이라고 할 수 있다. 마음이 간절하면 그것을 이루겠다는 결심이 선다. 간절한 마음은 자신을 일깨우고 자극을 주어 절망에서 일어설 수 있게 만들어준다. 그러면 준비가 갖춰진 것이다. 스스로 행동할 수 있다.

구체적이고 단계적이어야 한다 ▶▶▶

꿈을 실현시키기 위해서는 그 꿈이 구체적이어야 한다. 막연해서는 실현이 안 된다. 꿈이 이뤄진 장면을 실감나게 눈앞에 그릴 수 있을 정도로 구체적이어야 한다. 그것이 사실이라고 느껴질 정도면 된다. 그림으로 만드는 이유는 구체적이어야 더 쉽게 입력이 되기 때문이다. 자신이 무엇을 얻으려는 것인지 확실하지 않다면 기도를 할 필요가 없다. 기도해도 통하지 않는다. 막연한 소망이나 기도는 실현되지 않는다. '행복한 미래' 같은 막연한 개념보다는 '행복한 결혼'이나 '행복한 저녁식사' 같은 구체적인 장면을 떠올릴 수 있어야 한다.

지금의 상황이 힘들다면 벗어나야 한다. 새로운 인생을 살기 위해 새로운 출발을 해야 한다. 그러기 위해서는 꿈을 가져야 한다. 종이를 꺼내서 자신의 원하고 있는 것들과 이루고 싶은 것들을 모조리 적어보면 막연히 바라는 것들과 간절히 원하는 것들이 눈에 보일 것이다. 자신의 발전을 위해 필요할 것들과 별로 중요하지 않는 것들도 눈에 보일 것이다. 금방 필요한 것들과 나중에 생각해도 될 것들도 눈에 보일 것이다. 어디에 초점을 맞추어야 할지 금방 떠오를 것이다. 막연히 생각만 하는 것보다는 글로 써서 정리해보면 자신의 꿈을 명확하게 알 수 있다.

꿈을 이루기 위해서는 단계적으로 순서를 밟아가야 한다. 대부분의 꿈은 커다랗다. 단번에 이룬다는 것은 불가능하다. 큰 목표를 세우고 작은 목표들을 달성해 큰 것을 이루는 것이 순서다. 작은 목표들을 이루기는 어렵지 않다. 꿈을 포기하지 않으면 계속 노력하게 된다. 그러면 결국에는 모든 것들이 이뤄지는 것이다. 하나씩 이뤄가면서 끊임없이 노력하면 인생이 점차 풍요로워진다.

멈추지 않으면 도달한다 ▶▶▶

자신이 원하는 새로운 인생을 살기 위해서는 자신이 원하는 것이 무엇인지 정확히 알아야 한다. 그것을 꼭 이루겠다고 굳게 결심하면 스스로 더 강해질 수 있다. 동시에 이제부터는 선택이 자신의 몫이라는 점과 책임이 자신에게 있다는 것을 확실하게 깨닫게 된다. 그러면 부정적이고 소모적인 행동을 버리게 된다.

결심을 해야 하는 이유는 행동을 일으키는 동기를 만들기 위해서이다. 이 연결이 중요하다. 마음만 먹고 행동에 옮기지 않으면 아무리 좋은 생각이나 재능을 갖고 있어도 소용이 없다. 일단 행동에 옮기면 성공한 것이나 다름없다. 더 이상 결과를 비관할 필요가 없다. 쉽게 이뤄지지 않아도 괜찮다. 포기하지 않고 잘못된 점들을 계속 수정해 나가면 언젠가는 이뤄지게 되어 있다. 하나를 이루고 다시 다음 단계로 전진하기만 하면 된다. 그러면 언젠가는 성공에 도달한다. 지속적으로 올바른 방향으로 전진하는 것이 중요하다. 실행을 하다보면 성공의 결과보다는 그런 과정을 통해서 인간적으로 성숙해지고 재능이 발전하게 되는 것에 더 만족감을 느끼게 된다.

결심을 한 다음에는 반드시 행동에 옮겨야 한다. 회피하거나 미루게 되면 아무 것도 이룰 수 없다. 그래서 막연한 소망보다는 더 강도가 높은 '굳은' 결심이 필요하다. 인생이란 어느 순간에 모든 걸 포기하고 한 목표에 집중해볼 필요가 있다. 그것은 앞으로 살아가는 데에 중요한 경험이 된다. 실패를 두려워해서는 안 된다. 실패에서 교훈을 얻는 것이다. 하지만 말이 좋아서 교훈이지 실패하게 되면 쓸쓸하고 힘이 빠진다. 그러나 인생은 무수한 실패의 연속이다. 실패는 당연한 것이다. 운동선수들이 반복하는 자세 교정 정도로 생각해야 한다.

실패의 교훈이 성공으로 가는 길을 지시해준다. 인생이란 가보았던 길을 되짚어 가는 것이 아니다. 늘 처음 가는 길이다. 실패하지 않으면 쉽사리 올바른 길을 찾을 수 없다. 여러 번 실패를 해보아야 그 교훈을 통해 항로를 바로잡을 수 있다. 방향을 바로잡으면서 앞만 보고 가면 목적지에 닿는다. 그러므로 멈추지만 않는다면 우리는 누구나 성공할 수 있다. 각자 방법과 시간이 조금 다를 뿐이다.

누구에게나 능력은 있다 >>>

자신과 세계를 보는 새로운 눈을 갖추는 것은 중요한 일이다. 그것은 우리 안에 한 생각을 품는 일이다. 그러면 우리 자신에 대한 새로운 시각이 생긴다.

생명은 특정한 시간에 갑자기 나타난 것이 아니다. 이전부터 어떤 힘이 축적되고 잠재되어 있다가 그 힘으로부터 태어난다. 잠재력이 임계점에 이르렀을 때 생명은 태어난다. 그러므로 우리는 최고의 잠재력을 가지고 태어난 셈이다. 그러나 그 잠재력의 존재를 의식하지 못한 채 살아가고 있다. 이제 다시 그것을 일깨울 수 있을까? 우리가 태어날 때 그랬듯이 최상의 상태를 유지하면 다시 태어날 수 있다.

불행하게도 우리는 우리 안에 있는 이 무한한 잠재력을 인정하지 않는다. 그 능력을 계발을 하면 누구나 무한 능력으로 자기가 원하는 것을 실현할 수 있다. 내가 남보다 뛰어날 수 없지만 남들도 나보다 뛰어난 것은 아니다. 인간은 본질적으로 다른 인간과 능력이 비슷하다. 위대한 인간이나 성공한 인간이라고 해서 나와 별다르지 않다. 그들은 단지 그렇게 되기 위한 선택을 하고 남다른 노력을 했을 뿐이다. 이 시각을 갖추는 일이 중요하다.

장애물을 뛰어 넘어야 성공한다 >>>

결심은 했지만 실행하지 못한 일들이 누구에게나 있다. 우리가 크고 작은 일에서 성공하지 못하는 것은 늘 이 '실행 장애' 때문이다. 이것은 대부분의 인간들이 자기 인생을 제대로 살지 못하고 사소한 인간으로 전락하게 되는 치명적인 병이다.

새로운 일을 시작하려고 하면 꼭 발동되는 병이 '실행 장애'다. 좋은 습관을 몸에 익히려고 할 때에도 갑자기 이 병이 도진다. 미뤘던 일을 이참에 해치우기로 마음먹고 나서면 이 병은 더욱 악화된다. 힘들게 결단을 내리고 무언가를 바꾸거나 실천하려고 하면 꼭 나타나는 버릇이다.

우리는 괴롭고 힘든 것보다는 편하고 안정되게 살고 싶어 한다. 실행 장애라는 고질병은 이런 본능에서 나온다. 그 유혹을 거부할 수 있는 사람은 그리 많지 않다. 이 고질병 앞에서 우리의 계획은 대부분 무산된다. 시도해봐야 3일을 넘기지 못한다. 잠복기가 3일을 넘기기도 하지만 이 바이러스들은 아예 우리 안에 자리를 틀고 앉아 '인격'의 일부가 된다. 변화를 시도하려는 우리의 계획은 단시간 내에 망가진다. 우리는 '역시 나라는 놈은 어쩔 수 없어.'라고 자신을 비웃으면서 물러선다.

성공 공식은 간단하다 >>>

우리가 영원히 뛰어넘지 못하는, 그래서 '평범한 정상인'으로밖에 살아가지 못하는 이유는 이 '실행 장애' 때문이다. 그러나 성공 공식은 간단하다. 마음먹으면 누구나 해치울 수 있다. 사실 너무 간단해서 믿어지지 않는다. 그 실천 단계는 다음과 같다.

1. 분명한 결단
2. 명확한 목표
3. 구체적 행동
4. 분석과 수정
5. 보상과 축하

이것이 전부다. 이 이상도 이하도 없다. 이 단계만 거치면 성공할 수 있다. 성공이 그렇게 쉽다고? 그렇다. 그러나 실행하지 않는 자에게는 허용되지 않는다. 나무에서 떨어지는 감이 아니다. 올라가서 따야 한다. 목표를 세우고 끊임없이 실수와 실패를 고쳐나간다면 안 될 일이 없다.

원래 '그렇게 되어 있는 것'이란 없다. 우리가 만들었을 뿐이다. 계획하고 행동하고 포기하지 않으면 되지 않는 일이란 없다. 자신이 강렬하게 원하는 일을 하면 된다. 매일 최선의 선택을 하고 그 일에서 성공하면 된다. 이것은 그리 어려운 일이 아니다. 사소한 일을 새로운 방법으로 시도해보는 것은 어렵지 않다. 바라는 것들을 막연한 소망 사항으로 모셔두면 언제까지나 소망 사항에 머물러 있을 뿐이다. 열망이 있다면 그것이 이뤄지도록 실행하라. 그러면 변화가 오고 꿈은 현실이 될 것이다.

2. 집중력을 갖춘다

꿈을 현실로 이루기 위한 효과적인 태도는 집중의 자세다. 집중하려면 목표가 있어야 한다. 큰 목표, 작은 목표, 구체적인 실천 사항 등이 있어야 한다. 어느 단계에서든 뛰어난 집중력을 발휘해야 한다. 사소한 일에도 최선을 다해야 한다. 목표 설정이 잘 되었더라도 어설프게 덤벼서는 성공할 수 없다. 집중하면 생산성과 완성도가 높아진다. 변화와 발전의 기회가 최대한 많아진다.

미하이 칙센트미하이는 그의 책 〈몰입〉에서 '몰입하면 인생의 의미가 느껴진다. 몰입하면 목적에 대한 감각이 생기고 자기가 누구인가 깨닫게 된다. 몰입하면 삶을 현재 중심으로 살 수 있다. 그러면 시간에 쫓기지 않게 된다. 많은 사람들이 좋아하는 일에 몰두한다면 시간의 횡포로부터 자유로워질 것이다.'라고 설명하고 있다.

리처드 코치는 〈80/20법칙〉에서 '결과의 80%는 20%의 노력에서 비롯된다.'고 말하고 있다. 우리가 쉽게 잘 할 수 있는 일, 좋아하는 일을 해야 집중할 수 있고 다른 사람을 뛰어넘을 수 있다. 자신의 모든 것을 충분히 보여줄 때 비로소 비범한 가치가 창조된다. 그러므로 집중하는 것이 정답이다. 어렵고 일반적인 목표 80에 집중하는 대신 내가 잘할 수 있고 쉽게 할 수 있는 일 20에 집중하면 80의 성과를 낼 수 있다. 그러면 틈새 영역이 펼쳐진다.

능력을 집중한다 ▶▶▶

　　어떤 일을 이루고 싶으면 한 곳에 에너지를 집중할 필요가 있다. 한 분야를 정복하고 싶으면 자신이 가진 자원을 몽땅 그곳에 집중해야 한다. 우리가 즉시 투입할 수 있는 능력은 엄청나게 많다. 하지만 그것이 집중되지 않으면 능력 발휘가 안 된다. 집중하면 어떤 일이든지 할 수 있다. 이것저것 집적거리면 안 된다. 한 가지 일에만 집중해야 한다. 실패하고 싶거든 산만하게 일하면 된다.

　두뇌 전체를 활용하는 것은 쉽지 않은 일이다. 그래서 우리는 자신의 잠재력을 다 발휘하지 못한다. 그러나 제한적이더라도 능력을 집중하면 에너지는 레이저 광선과 같은 힘을 발휘한다. 집중하면 어떤 것이라도 뚫고 나갈 수 있다. 햇빛은 철판을 뚫지 못하지만 레이저 광선은 뚫는다. 빛이 집중되기 때문이다.

　간절히 원하는데 이루지 못하는 이유는 뭘까? 능력을 집중하지 않기 때문이다. 간절히 원한다면 그 분야의 최고 수준에 도달해보겠다는 생각으로 모든 것을 투입해서 덤벼야 한다. 그러나 대부분의 사람들이 최고가 되려고 하기보다는 그저 열 명 중에서 서너 번째가 되는 것에 만족한다. 인생에서 실패하는 가장 큰 이유는 집중하지 않고 사소한 일에 에너지를 분산시키기 때문이다. 그래서는 영원한 아마추어로 남는다.

시간을 집중한다 ▶▶▶

성공한 사람들의 습성을 살펴보면 한 가지 일에 완전히 매달린
다는 공통점이 있다. 아무리 많은 일이 복잡하게 얽혀 있어도 그들은 에
너지를 분산시키지 않는다. 우선순위를 정하고 중요한 일부터 하나씩 완
벽하게 처리한다. 한 가지 일을 할 때에는 다음 일을 생각하지 않는다.
다음 일은 지금 하는 일이 끝난 다음에 생각한다. 그렇게 원칙을 정해놓
으면 다른 일 때문에 집중이 방해받지 않는다.

바쁜 일보다는 중요한 일부터 한다. 급히 할 일이라고 해서 그것이
반드시 중요하지는 않다. 우리는 이 점을 늘 오해한다. 아무리 바쁜 일이
라도 중요하지 않으면 순위를 미뤄야 한다. 그러면 중요도 순으로 일을
하기 때문에 시간은 우선 고려 요소가 아니다. 시간에 얽매이지 않기 때
문에 그보다 중요하지 않은 다른 일들은 순위를 미뤄둘 수 있다.

선뜻 시작하기 힘든 일들이 있다. 이런 일들은 시작한 다음에도 힘이
든다. 진도가 쉽게 나가지 않아 지루하고 무척 어렵게 느껴진다. 그런 이
유 때문에 시작이 망설여지는 것이다. 그렇다고 미적거릴 수는 없다. 어
쨌든 일단 시작은 해야 한다. 힘들다는 느낌이 들면 잠시 쉬는 것이 상책
이다. 기분이 전환되면 다시 집중한다. 몇 번 그렇게 반복하면 일이 손에
익어 조금씩 진도가 나갈 것이다. 웬만큼 진도가 나간 다음에는 탄력이
붙어 계속해나갈 수 있다. 속도를 적절히 조절하지 않으면 무작정 시간

만 낭비하게 된다.

〈80/20법칙〉에서 리처드 코치는 '시간을 잘 활용하기 위해서는 우선
순위를 살펴야 한다. 대부분의 사람은 잘못된 일에 지나친 노력을 기울
인다. 합리적으로 계산해봐야 아무 소용없다. 현실은 예측할 수 없고 비
합리적이다. 가장 중요한 20퍼센트에 노력을 쏟으면 시간은 풍족하게
남아돈다.'고 말하고 있다.

에너지를 집중한다 »»

행복은 누가 주는 것이 아니라 우리 마음속에 있다. 행복은 햇
볕이 내리쬐는 풀밭에 누워 있을 때 오는 것이 아니다. 마음속에 호기심
의 불꽃이 타오르고 열정이 용솟음치고 정신과 육체가 팽팽하게 긴장된
가운데에서 온다. 진정한 행복은 작은 행복들의 집합이다. 아이들이 놀
이를 할 때처럼 한 가지 일에 집중할 때에 온다.

그런 상태에서는 모든 것이 저절로 이루어진다. 단순하고 순수한 마
음으로 가장 단순하게 일에 빠지는 것이다. 일과 사생활이 구별되지 않
는 사람이 있다. 하루 종일 일만 하는 것처럼 보여 불행할 것 같지만 사
실은 그 반대다. 몰입의 경지에 들어 있기 때문에 일과 사생활이 구분되
지 않을 뿐이다.

미래에 무엇을 이루겠다는 목표 달성의 의지를 갖고 일을 하는 것은
성과를 이뤄내는 데 중요한 요소로 작용한다. 그러나 현재 시간을 충실
하게 보내는 것은 더 중요하다. 현재를 충실히 보낸다는 것은 집중과 몰

입이 이뤄질 때만 가능하다. 단 1초도 한 눈 팔지 않고 일에 몰입하는 것이다. 그때에는 행복감을 느끼며 일할 수 있다. 미래와 과거를 생각할 겨를이 없다. 단지 현재에 몰입해 있을 뿐이다. 이럴 때 우리는 행복감을 느끼고 일의 성과도 높아진다.

몰입하면 즐거워진다 ▶▶▶

무엇보다도 자신이 하는 일을 즐겨야 한다. 일과 놀이가 하나가 되어야 한다. 그래야 몰입할 수 있다. 몰입하면 행복해진다. 돈을 생각하지 않아도 즐기면서 돈을 벌 수 있다. 하지만 일이란 고통스러운 짐이지 놀이가 될 수 없다. 취미를 직업으로 삼고 사는 사람은 지극히 적다. 그런 기회가 그리 쉽게 오지는 않는다. 그렇다면 자기 일을 좋아해야 한다. 다른 방법은 없다.

일을 좋아하게 되면 자신의 일을 자기 뜻대로 조절하면서 할 수 있다. 그렇지 않으면 남이 명령하는 대로 끌려 다니면서 일을 하게 된다. 그때에는 몰입도 안 되고 능률도 안 오르고 즐겁지도 않다. 희생자가 되어버리면 모든 일이 제대로 이뤄지지 않는다. 삶은 그 순간부터 악몽으로 변해버린다.

아무리 일을 훌륭하게 해내려고 해도 일하는 게 괴롭다면 결과가 좋지 않을 게 뻔하다. 일에 몰입할 수 있고 행복을 느끼고 즐겁게 일하면 결국엔 돈과 건강과 행복이 동시에 오게 되어 있다. 일의 결과가 늘 좋기 때문이다.

3. 적응력을 갖춘다

지금까지 해오던 일이나 방식을 버리고 하지 않던 방식을 시도하는 것이 꼭 좋은 것은 아니다. 위험 부담이 따르기 때문이다. 그러나 지금까지 해왔던 일이나 방식을 재검토해보고 그것이 나의 능력을 충분히 발휘할 수 없는 것이라면 재고해보아야 한다. 이상적인 일이나 방식은 나의 무한한 잠재 능력을 발휘할 수 있는 것이어야 한다. 능력을 발휘할 수 있는 일이나 방식이 금방 찾아지는 것은 아니다. 그러므로 늘 변화할 자세를 갖추고 있어야 한다.

멈추지 말아야 한다 ≫≫➤

성공한 사람들은 늘 목표를 향해 나아가고 있다. 목표를 달성하면 다음 목표를 향해 나아간다. 변화의 시기가 오면 과감하게 방향을 바꾼다. 그러므로 그들은 멈추는 법이 없다. 늘 발전하고 변화해 가는 과정에 있다. 목표를 향해 갈 때에는 늘 방향 수정을 통해 바른 길을 찾는다. 목표를 달성한 다음에는 새로운 차원의 단계에 진입해 새 목표를 설정한다. 동시에 위험 부담이 느껴져도 새로운 방식을 채택해 새로운 시도를 시험해본다.

상황이 불안정해지면 쉽게 움직이기가 어렵다. 마음의 혼란이 심해지고 불안한 감정을 떨쳐버릴 수 없다. 일정 시간이 지나면 그 상황을 벗어나기 위한 행동을 생각한다. 그때 즉시 행동하느냐 더 심사숙고하느냐에 따라 미래는 많이 달라진다. 이 상황에서 교훈을 얻어 방향을 수정하고 새로운 단계로 접어들면 전화위복이 된다.

논리보다 직관을 믿는다 >>>

상황이 나빠지고 있을 때에는 그것을 인정하고 받아들여야 한다. 그 순간 변화는 시작된다. 하면 할수록 되는 일은 없고 상황이 나빠질 뿐이라고 느낄 수도 있다. 이때에는 논리보다는 직관을 믿는 것이 좋다. 우리 머리는 인식하지 못해도 우리 몸은 무의식중에 자신이 가장 잘할 수 있는 것을 알고 있다. 중요한 것은 위축되지 말고 계속 앞으로 나아가는 것이다.

현재 상황에 대한 판단이 잘못되었거나 알지 못하는 사이에 변화가 있을 수도 있다. 이전의 접근 방법이 먹히지 않을 때에는 그동안의 상황을 다시 점검하고 방향 수정을 해야 한다. 다음 단계로 나아가기 위해 방향 조정을 해야 한다. 안 될 때에는 계속 수정을 해줘야 오류를 줄일 수 있다.

예측할 수 없는 상황에서는 중압감이 커진다. 그러나 그 스트레스가 오히려 빨리 방향을 잡을 수 있는 원동력이 된다. 고정 관념은 도전을 어렵게 만드는 장애물이다. 중압감이 심해지면 어쩔 수 없이 고정 관념을 돌파해 나가지 않을 수 없다. 위기는 중압감의 부정적 측면을 긍정적 측면으로 바꿀 수 있는 기회다. 스트레스도 활용하는 데 따라서 약이 될 수 있다. 길이 보인다면 확실하게 목표를 추구할 수 있다. 올바른 방향 감각을 가지고 전력 질주하면 목표에 도달할 수 있다.

회피 심리를 경계한다 >>>

　　어려운 일이 닥치면 피하는 것이 인간의 심리다. 위험을 피하려는 본능에서 나오는 행동이다. 새로운 시도를 하면 방법이 익숙하지 않기 때문에 손에 익히는 데에 오랜 시간이 걸린다. 그래서 어려운 일을 새로 시작하게 되면 더욱 지루하고 힘들다. 그때에는 당연히 그 일을 피하고 싶어진다.

　어피하는 방식 중 가장 흔한 것은 사소한 일을 집적거리는 것이다. 신경을 분산시키면서 하던 일을 잠시 잊어버린다. 어려운 일을 피할 구실은 주변에 무수히 널려 있다. 빈둥거릴 만한 '꺼리'는 얼마든지 있다. 그러나 목표 달성을 원한다면 어떤 일이 있더라도 계획한 일을 끝내겠다는 강한 의지로 다시 일로 돌아가 집중하는 태도가 필요하다. 한 번 그렇게 결심하고 나면 다음에는 집중하기가 더 쉬워진다.

　벤저민 프랭클린이 완벽한 인격을 이룬 것은 회피하지 않았기 때문이다. 인격에 방해가 되는 오류들을 하나씩 수정해나간 결과다. 그는 삶은 단번에 결정되는 것이 아니라 지속적인 땜질의 과정이라고 생각했다. 인간은 성공을 위해 고안된 빈 칠판과 같다고 말했다. 그는 "오늘은 무슨 좋을 일을 할까?"라는 아침 질문과 "오늘은 무슨 좋은 일을 했나?"라는 저녁질문을 반복했다. 매일 질문했다는 것은 자신이 결심한 일을 피하지 않겠다는 것이다.

루이스 헤이의 〈치유, 있는 그대로의 나를 사랑하라〉는 자신을 사랑하라고 말하고 있다. 뚱뚱하기 때문에 자신이 싫다고 말하는 사람들은 자신을 사랑하지 않기 때문에 뚱뚱해진 것이라고 한다. 자기 자신을 사랑하고 인정하기 시작하면 놀랄 만큼 체중이 줄어든다는 것이다. 회피하지 않고 받아들이면 가진 것에 감사할 수 있고 감사하면 가진 것이 더욱 늘어난다. 이 경지에 이르면 어떤 어려움이 닥쳐도 충분히 적응해나갈 수 있다.

4. 잠재력을 일깨운다

스스로 신이 나서 에너지가 넘치게 일할 수 있다면 성공할 확률이 아주 높다. 성공하기 위해서는 그런 요소가 무엇인지 알아야 한다. 이것은 인생을 즐겁게 살면서도 자신이 정한 목표를 달성해 성공에 이를 수 있는 핵심 요소이다.

자신에게 맞지 않는 일이나 더 이상 발전이 없는 일을 하는 것은 인생을 낭비하는 것이다. 신이 나지도 않고 열정적일 수도 없기 때문에 목표를 달성할 수 없다. 시간이 지날수록 지치고 퇴보하게 된다. 잠재력을 일깨우기 위해서는 신나게 할 수 있는 일을 해야 한다. 그렇지 못하다면 잠재력을 최대한 발휘해 어떤 일이든 신나게 해치울 수 있게 만들어야 한다.

재능을 이끌어낸다 ▶▶▶

인간은 누구나 수많은 재능을 갖추고 있다. 스스로 인정하는 재능의 종류가 다를 뿐이다. 누구나 그걸 찾으려고 하면 발견할 수 있고 그걸 개발하면 어떤 일이든지 잘 할 수 있다. 재능을 최대한 이끌어낼 기술만 있다면 누구나 성공할 수 있다. 다른 사람과 비교할 필요가 없다. 우리는 모두 완벽한 인간이고 무한한 잠재력을 지니고 있다. 자신의 재능을 돈벌이 수단으로만 보지 말고 일생을 즐기면서 살아갈 놀이라고 생각하면 진지하게 그것을 발굴할 마음이 생긴다. 일단 그것을 찾아내서 잘 활용할 방법을 생각해야 한다.

경험을 쌓아가면서 한 단계씩 진화해가는 것이 인생이다. 새로운 경험을 하면서 사람은 발전해가는 것이다. 그러면서 자신의 재능이 어느 쪽에 있는지도 알게 된다. 그러므로 스스로 의미 있고 자신에게 적합하다고 생각되는 일을 부지런히 찾아야 한다. 그리고 그것을 활용할 수 있는 일이나 방법을 찾아야 한다. 그래야 신나게 일할 수 있고 성공할 수 있다. 인생에 허비는 없다. 경험을 쌓고 꾸준히 추구하면 그것으로 발전한 것이다.

계속 배우고 공부한다 ▶▶▶

재능은 타고나는 것이므로 사라지지 않는다. 재능은 활용할수록 더 정교해져 여러 분야로 점점 확장되어 간다. 한 가지 재능만으로도 여러 가지 분야에서 활동할 수 있다. 대인관계에 능숙하고 의사소통 능력이 뛰어난 사람이라면 세일즈, 상담, 교육, 홍보, 매스컴 등 사람을 상대하는 여러 가지 일에서 다양하게 재능을 발휘할 수 있다.

그러나 지적 능력이 있어야 아이디어를 이해하고 행동으로 옮길 수 있다. 우리는 대개 학교 교육이 끝나면 배울 것을 다 배운 것으로 생각한다. 그러나 지적 능력은 그것으로 완성되는 것은 아니다. 세상은 끊임없이 발전하고 변한다. 학교를 마치면 더 이상 누가 가르쳐주지 않는다. 3년이 지나면 이전의 지식들은 모두 낡은 것이 되어버린다고 할 만큼 세상의 변화는 빠르다. 학교를 마친 다음에는 오히려 더 열심히 배우지 않으면 바보가 된다.

고정된 사고방식을 뛰어넘어 새로운 상황에 적응하기 위해서는 끊임없이 지적 자극을 받아야 한다. 독서는 가장 쉽고도 효율적인 방법이다. 책은 평생 매일 읽어야 한다. 책읽기를 일로 생각하면 안 된다. 밥은 안 먹어도 책은 읽는다고 할 정도가 되어야 잠재력을 일깨울 수 있다.

즐거워야 능력이 발휘된다 ▶▶▶

자신의 에너지를 완전히 쏟아 넣고 싶을 만큼 관심을 끄는 일이 있는가. 누구나 그런 일을 만나면 열정적인 감정이 일어난다. 일을 열정적으로 하면 당연히 잘하게 된다. 사회적으로 의미 있는 일도 중요하지만 우선은 온전히 몰입할 수 있는 일을 찾는 것이 중요하다. 그런 일을 찾지 못했다면 지금 하고 있는 일이 싫더라도 이 일에 몰입해야 한다. 집중해서 몰입해 일하게 되면 그 일이 점점 좋아질 것이다. 그래야 잠재력을 일깨울 수 있다.

일하면서는 즐거움을 느끼고 시간 가는 줄 몰라야 한다. 열정적으로 몰입하면 일을 하면서 아이디어가 샘솟듯 솟아난다. 우리의 관심을 끄는 일이란 이런 일이다. 이런 일들을 하면 재능이 충분히 발휘될 뿐만 아니라 즐겁다. 모든 일이 잘되어 가고 집중해서 일할 수 있다.

일하는 기술이 미숙할 수 있다. 그러나 실망할 필요는 없다. 경험이 쌓이면 기술도 발전하게 되어 있다. 자신이 잘할 수 있는 분야, 재미있게 할 수 있는 일을 하게 되면 마음이 안정되고 두려워하지 않게 된다. 그러면 잘할 수밖에 없다.

자신의 재능을 알아야 한다 >>>

자신의 재능에 대해 관심도 없고 전혀 모를 수도 있다. 또 살아가면서 한 번도 성공이라고 할 만한 것을 이뤄보지 못한 사람도 많다. 이런 사람들은 자신에게는 재능이 없다고 생각한다. 그러나 누구에게나 자신이 가장 잘할 수 있는 일, 관심이 있는 일, 편안하게 할 수 있는 일이 있다. 그런 일이 뭔지 생각해보면 답이 나온다. 스스로에게 질문하고 그 대답을 적어보면 명확하게 알 수 있다. 세상에 재능이 없는 사람은 없다.

자기 재능을 스스로 인정하지 않는 경우도 있다. 커다란 재능을 갖고 있으면서도 스스로는 하찮게 생각할 수 있다. 재능은 자기 인생에서 가장 중요한 요소 중 하나이다. 인생을 자기 의도대로 살아가려면 재능이라는 무기가 필요하다. 끊임없이 자신의 재능에 대해 생각하고 발견해내고 갈고 닦아줘야 한다.

재능은 하늘이 준 것이다. 겸손해할 필요가 전혀 없다. 재능을 감추는 것은 시간 낭비다. 누구나 수많은 재능을 갖고 있고 하나 이상은 훌륭히 발휘할 수 있다. 자신이 원래 잘하는 일이라고 생각되는 일들 또는 다른 사람들이 잘한다고 인정해주는 일들이 있을 것이다. 그런 분야에는 분명 재능이 있는 것이다.

어떤 사람은 다른 사람들과 이야기하기를 좋아한다. 어떤 사람은 보고서를 요령 있게 잘 쓴다. 어떤 사람은 화초를 잘 기르고 어떤 사람은 그림을 잘 그린다. 그걸 잘하는 요인이 뭘까. 자신에 대해 생각해보면 집중력, 꼼꼼함, 남다른 눈썰미 등등 미처 생각하지 못했던 여러 재능이 있다는 걸 알 수 있다. 스스로 느끼지 못한다면 친한 사람에게 물어보는 것도 방법이다. 대개는 자신도 놀랄 만큼 다양한 대답을 얻을 수 있을 것이다.

재능이 가치와 결합해야 한다 ▶▶▶

재능은 직업에만 필요한 것이 아니다. 우리 인생의 모든 분야에 필요하다. 직업을 비롯하여, 취미, 봉사활동, 자기 계발에도 모두 재능이 활용된다. 재능이 충분히 활용되면 일이 훨씬 효율적으로 이뤄지고 일하는 것이 즐겁다. 자기 재능을 발휘해 좀 더 가치 있는 일을 할 수 있다면 더욱 큰 성취감을 느낄 수 있다.

재능은 수단이고 가치는 목적이다. 수단과 목적이 서로 어긋나지 않아 상승 효과를 일으키는 게 바람직하다. 자신이 가장 잘할 수 있는 방법으로 자신이 가장 소중하게 여기는 가치를 실행할 수 있다면 가장 바람직한 일이 될 것이다. 게다가 즐겁기까지 하기 때문에 더 이상 바랄 것이 없다. 일을 선택할 때 가치 기준이 판단의 근거가 된다면 늘 옳은 결정을 할 수 있다.

5. 스스로를 책임진다

좌절은 누구나 겪는다. 성공한 사람들도 무수한 좌절을 헤치고 나온 사람들이다. 인생이 쉬운 것이라고 생각하는 것은 착각이다. 〈아직도 가야 할 길〉을 쓴 M. 스캇 펙은 자기 책에서 '삶이 힘겹다는 진실을 대부분의 사람들은 직시하지 못한다. 다만 자신의 고난에 대해 끊임없이 불평한다. 삶이 쉽거나 쉬워야 한다는 것처럼 말이다.'라고 쓰고 있다.

우리는 살면서 수많은 실수, 두려움, 상실감, 고통, 위기, 인간관계에 시달리고 있다. 괜찮은 사람이 되어 그럴 듯하게 살고 싶지만 맘대로 되지 않는다. 그렇다고 해서 자기 인생을 책임지지 않을 도리가 없다. 책임지겠다고 각오를 해야 자신감이 생긴다.

잠재력을 인정한다 >>>

자신감은 자신을 믿는 것이다. 무엇보다도 자기 능력을 믿는 것이 중요하다. 이것은 '할 수 있다.'는 동기 유발의 가장 중요한 바탕이 되기 때문이다. 자신이 완벽한 인간이라는 걸 믿어야 하고 자신의 무한한 잠재력을 믿어야 한다. 어떤 일을 만나더라도 해낼 수 있다는 자신감으로 무장해야 한다. 자신을 믿는 것이 목표 달성의 원동력이다. 할 수 있다는 믿음이 있으면 가능하고 없으면 불가능하다. 믿음에 따라 가능한 것과 불가능한 것이 구별된다.

현재의 상황을 탈출해 더 나은 삶을 살고 싶다면 지속적으로 변화를 만들어내야 한다. 그러나 해낼 수 있다는 자신감이 없다면 도전 목표를 만들어봐야 소용이 없다. 우리 모두에게는 꿈을 이룰 수 있는 잠재력이 있다는 사실도 중요하지만 더 중요한 것은 이것을 믿는 것이다. 사람은 누구나 자신이 생각하는 것 이상의 잠재력을 가지고 있다고 믿으면 절대로 자신감을 잃는 일은 없다.

현재에 100% 충실한다 >>>

성공하기 위해서는 현재를 충실히 살아야 한다. 단 1초도 대충 보내서는 결코 성공할 수 없다. 현재에 100% 충실해야 한다. 나는 누구이며 무엇을 해야 하고 무엇을 하고 있는지 알아야 한다. 작은 일 하나도 시간 허비 하지 말고 최선을 다해 해내야 한다. 누구도 내 문제를 대신해줄 수 없다. 스스로 자기 인생의 현재 순간을 완벽하게 충실히 보내야 한다. 이것이 철저히 자기 인생에 대해 책임을 지는 자세다. 자신감은 여기서 나온다.

책임을 지겠다고 결심하면 더욱 노력하게 되고 성공 가능성이 높아진다. 완전히 책임을 지겠다는 자세를 가지면 힘이 솟고 에너지가 흐르게 된다. 일단 책임을 지기로 작정하면 성공할 가능성이 높아진다. 전력으로 질주해야 성공한다. 슬슬 뛰는 건 현재를 100% 충실하게 사는 태도가 아니다. 어쩔 수 없다. 자신이 다 짊어지고 가야 하니까 더 분발할 수밖에.

운명은 스스로 선택한다 ≫≫

운명을 선택한다고 하지만 선택할 수 있다면 운명이 아니다. 내가 바란다고 그대로 되지 않기 때문에 운명인 것이다. 운명은 자신의 선택에 달려 있다고 말하는 사람들이 많다. 성공학의 전도사들은 누구나 그렇게 말한다. 행복은 누구나 선택할 수 있다고 한다. 하지만 세상은 호락호락하지 않다. 아주 불공평한 곳이다.

세상에는 내 맘대로 할 수 있는 일이 별로 없다. 실패가 계속되면서 해결하지 못한 문제가 쌓이기 시작하면 적절한 방법이 생각나지 않는다. 하지만 그것 역시 내 인생이라고 인정해야 한다. 어떻든 내가 책임을 지고 해결해야 한다. 달리 그것을 감당해줄 해결사는 세상에 없다. 불행하고 골치 아픈 일들은 누구에게나 일어날 수 있다. 그러나 그 다음이 문제다. 그런 일이 생기더라도 회피하지 않고 자신이 감당하고 풀어가겠다고 각오를 해야 한다. 문제의 해법은 바로 그런 책임감이다. 자기 운명을 짊어질 때 운명은 이미 운명이 아니다. 그래서 운명도 선택할 수 있다고 말하는 것이다.

행복한 사람이 있는가 하면 불행한 사람도 있다. 어려운 상황이 계속되면 헤어나지 못하는 사람이 있는가 하면 다시 일어서는 사람이 있다. 모든 것은 우연히 일어난 일이 아니다. 날아온 돌에 맞은 것이 아니다. 자신이 선택해서 생긴 일이다. 그것을 인정한다고 해서 자신감이 생긴다는 것은 좀 이상하게 들릴지도 모른다. 그러나 스스로 책임을 지겠다는 것은 자신을 믿지 못하면 취할 수 없는 자세다. 감당을 하겠다는 것은 자신을 확실하게 믿기 때문에 가능한 일이다. 그것이 고난이 가져다주는 자신감이다.

책임감이 도전의 시작이다 ＞＞＞

인생을 살아가는 것은 나 자신이다. 누구의 것도 아닌 나 자신의 인생을 나 스스로 살아가는 것이다. 살아가는 꼴이 마음에 들지 않는다거나 삶의 결과가 잘못되었다고 해도 누구를 탓할 게 못된다. 모든 걸 스스로 처리해야 한다. 자신의 인생에 대해서는 자신이 책임지는 것이다. 내 인생은 내가 결정하고 내가 살아간다, 그 결과에 대해서는 내가 책임진다, 이렇게 생각하는 것이 모든 도전의 시작이다. 스스로를 불쌍하게 여기거나 신세 한탄을 하거나 다른 사람에게 탓을 돌리는 것은 잘못된 행동이다.

자신을 믿는 문제는 온전히 자신의 일이다. 그것은 남이 나를 믿어주는 것과 다른 문제다. 자신에 대한 믿음은 자기 스스로 키우는 것이다. 자신감은 자기 경험에서 나오기 때문에 남을 모방할 수도 없고 남의 것을 훔치거나 빌려올 수도 없다. 자신을 믿고 행동할 수 있는 것은 자신뿐이다. 그렇기 때문에 자신감만 있다면 누구나 자신을 변화시킬 수 있다.

성공 방법은 방법일 뿐이다. 그것들은 목적지로 가는 길을 알려주는 지도일 뿐 그것 자체가 목적은 아니다. 목표를 달성하기 위해 행동에 옮기는 것은 우리 자신이 우리 몸을 움직여서 해야 할 일이다. 목표를 자기 것으로 만드는 것은 우리 자신이다. 지도를 들고 걸어가야 목적지에 도달할 수 있다. 걸어가는 사람은 나 자신이다. 그때 비로소 지도는 지도로서의 가치가 드러나는 것이다.

위험 부담은 어디에나 있다 ≫≫➤

스스로 모든 것을 결정하고 행동에 옮기지 않으면 성공할 수 없다. 자기 인생을 자기 뜻대로 사는 사람만이 성공이 가능하다. 남의 지시대로 산다면 내 인생을 살아간다는 것은 요원한 일이다. 그러나 스스로 결정하고 행동에 옮긴다는 것은 한편으로는 두려운 일이기도 하다. 어떤 일이 일어날지 알 수 없기 때문이다. 하지만 자기 생활을 통제하지 못하면 더욱 불행한 사태가 일어난다. 대부분의 사람들은 그걸 자각하지도 못하고 산다.

스스로 책임을 지면 남의 등 뒤로 숨을 수 없다. 전면에 나서야 한다.

변화를 시도하거나 새로운 도전을 하거나 책임을 지면 위험 부담이 그만큼 많아진다. 그러나 역설적인 것은 그렇게 하지 않는다고 해서 위험이 줄어들지 않는다는 것이다. 세상은 변화하는데 혼자만 멈춰 서 있으면 더 위험하다. 내가 책임을 지지 않는다고 다른 사람이 대신 위험을 부담해주는 것도 아니다. 그러므로 자기 인생은 자신에게 달려 있다고 생각하고 적극적으로 행동해야 한다.

실패를 긍정적으로 활용한다 ≫≫▶

개인에 따라 같은 상황을 긍정적으로 보기도 하고 부정적으로 보기도 한다. 보는 시각에 따라서 결과는 엄청나게 달라진다. 성공한 사람들은 대개 실패를 많이 겪어본 사람들이다. 승승장구한 사람들은 거의 없다. 새로운 시도를 많이 하고 실패를 많이 해본 사람들이 결국에는 성공한다.

성공한 사람들은 과학자들과 비슷하다. 과학자들은 수많은 실험 끝에 원하는 결과를 얻어낸다. 그들의 방식은 고지식하고 답답해 보이기도 한다. 하나의 방식이 실패하면 다른 방식을 개발해서 시도하고 또 실패한다. 그러면서도 결코 멈추는 법이 없다.

그들에게 실험 중지는 포기이자 자기 이론의 실패를 선언하는 것과 다름없다. 그래서 끝장을 볼 때까지 계속 실험을 강행한다. 이것이 성공 요인이다. 그들에게 실패는 새로운 실험 방법을 찾아내는 길잡이일 뿐이다. 잘못된 방법을 걸러내는 과정이다. 그러므로 두려워해야 할 일이 아니라 전환점이자 기회이다. 상황을 부정적으로 받아들이게 되면 더 이상 새로운 시도를 할 이유가 없어진다. 그러면 성공도 없다.

수전 제퍼스는 〈도전하라 한 번도 실패하지 않은 것처럼〉에서 '긍정적인 생각을 가지려면 날마다 연습해야 한다.'고 했다. 날마다 긍정적인 정신을 재충전하지 않고는 아무도 계속 씩씩하게 살아갈 수 없다. 긍정적인 현재형 문장으로 자신을 늘 격려해야 한다. 멈추지 않는 자만이 성공한다.

노력이 운을 결정한다 ⟫⟫➤

실패의 과정이나 결과는 결코 즐겁지 않다. 그러나 지난 일은 지나간 시간이다. 거기에 매몰되어 있을 필요가 없다. 교훈을 얻은 다음에는 빨리 잊어버리고 미래를 생각하는 것이 자기 인생에 책임을 지는 자세이다. 오랫동안 생각하며 괴로워한다고 해서 그 기억이 사라지거나 좋은 기억으로 바뀌는 것은 아니다. 미래의 일에 좋은 영향을 주는 것도 아니다. 나에게는 과거보다 더 중요한 현재와 미래가 기다리고 있다.

자신에게 운이 없다고 믿는다면 늘 앞날이 어둡게 보일 것이다. 앞날이 어두울 것이라고 생각하면 아무 것도 보이지 않는다. 그러나 앞날이 밝고 긍정적이라고 믿으면 기회가 보일 것이다. 책임을 진다는 것은 운을 믿지 않는다는 뜻이다. 내가 심지도 않은 과일이 어디서 떨어지기를 기다리지 않겠다는 뜻이다. 기회를 잡으려는 의지가 있으면 그게 바로 운이 된다. 그러므로 운도 자기 손에 달려 있다.

인생에는 우연스럽게 보이는 일들이 많으므로 때로는 운이 좋았다고 할 만한 일들도 일어난다. 그러나 운이 좋았다는 것은 그만큼 노력했다는 뜻이다. 노력하다보면 더 많은 기회를 갖게 된다. 어려움을 이겨내고 나아가다 보면 스스로 성장하게 된다. 능력도 개발된다. 기회를 찾아보고 방향을 수정하고 결과를 검토하고 다른 사람의 도움을 청하고 새로운 방법을 시도하게 된다. 그러다보면 성공의 확률이 더욱 커질 수밖에 없다. 이것이 운이다. 여러 가지 요소들이 얽히면 뜻하지 않은 결과가 나타나기도 한다. 그러나 그것은 우연이 아니라 필연이다. 결과적으로 운이 좋았다고 할 수 있는 상황이 된 것이다.

책임을 지겠다고 결심하면 노력하게 되고 노력을 쏟으면 좋은 결과가 나오게 되어 있다. 실패하더라도 점점 좋아지게 된다. 두려워서 주춤거리고 뒤로 물러나면 기회는 오지 않는다. 물론 운도 따라오지 않는다. 끊임없이 노력하는 것이 최상의 방법이다.

6. 두려움과 친해진다

자신이 원하는 삶을 살기 위해서는 도전해야 한다. 그러나 도전에는 위험이 따른다. 막연한 두려움 때문에 도전을 회피해서는 안 된다. 새로운 일을 시도할 때 감수할 위험은 목표를 이루기 위해 치러야 할 비용이다. 그것이 두려워 아무 것도 하지 않는다면 낭비다. 아직 일어나지 않은 일은 그 결과가 어찌 될지 알 수 없다. 어떤 위험이 닥칠지 모르기 때문에 자연히 불안해진다. 당연한 반응이기는 하지만 너무 민감하게 받아들이면 에너지만 소모하게 된다.

자신감을 확인한다 ≫≫

새로운 일이나 어려운 일과 마주하게 되면 누구나 미리 걱정을 하게 마련이다. '잘할 수 있을까?' 또는 '실패하면 어떡하지?' 하는 마음은 당연하다. 이런 두려움은 자신감이 없어서 생기는 걱정이다. 자신감이란 자신의 존재 가치와 자신의 능력을 믿는 자세이다. 자신감은 우리가 어떤 태도를 취하고 어떻게 행동해야 할지를 결정해준다.

두려움은 자신감의 반대 개념이다. 두려움이 커지면 자신감이 점점 줄어든다. 그러나 두려움은 자신감을 확인해볼 수 있는 기회다. 다시 자신감을 불어넣고 출발할 시간을 벌어주는 것이 두려움이다. 그러므로 긍정적으로 활용할 수 있는 감정이다. 두려움의 존재는 위험을 미리 계산해보고 살아남는 법을 알려준다.

두려움이란 특별한 경우에만 생기지 않는다. 우리는 일상에서 늘 크고 작은 두려움에 싸여 살고 있다. 불확실한 세상은 순간마다 우리에게 근심 걱정을 안겨준다.

두려움은 인간의 동물적 본능이기 때문에 현실로 받아들여야 한다. 장애물을 지혜롭게 극복할 수 있다면 오히려 더 행복하게 살 수 있다.

문제 안에서 해답을 찾는 것이다. 이곳에 길이 있고 방법이 있다고 생각하면 자신감이 생긴다. 자신감을 갖게 되면 대처 능력이 높아지고 세상을 보는 태도가 달라진다. 그때에는 두려움을 극복하는 일이 즐거움이 된다.

고정 관념을 버린다 >>>

두려움이란 막연한 경우가 대부분이다. 사실 상대를 전혀 모르기 때문에 생기는 불안이 두려움으로 변하는 것이다. 그래서 대부분의 두려움은 그 실체를 파악하는 순간 사라지거나 줄어든다. '왜 두려운가?'라는 질문을 계속하면 결국 두려움의 실체를 알 수 있다. 그 순간 막연했던 상황이 확실해지고 막연한 불안은 없어진다.

두려움이 줄어들긴 해도 완전히 사라지지 않을 수 있다. 그러나 이유를 알면 적절한 조치를 취할 수 있다. 두려움을 참고 일단 행동에 나서면 우선 처리해야 할 급한 문제들이 많이 생긴다. 이 문제들 때문에 두려움은 우선 고려의 대상이 되지 않는다. 이때 두려움은 즉시 사라진다. 두려움 해소를 위해서는 막연하게 걱정만 하고 있는 것보다 당장에 할 수 있는 일을 하는 게 낫다.

두려움을 해소하는 데에는 과거의 경험이 큰 영향을 미친다. 문제의 해결책을 찾아내는 일이 모두 그렇다. 긍정적인 생각이나 부정적인 생각들은 모두 과거 경험의 영향이다. 똑같은 일에 대해 긍정적인 경험을 한 사람은 긍정적인 예측을 하게 되고 부정적인 경험을 한 사람은 부정적인 예측을 하게 된다. 그러므로 두려움을 갖지 말아야 한다고 생각해도 쉽게 자신감을 되찾지는 못한다. 부정적 경험은 강렬해서 기억에 더 오래 남는다.

세상일이란 우리들이 직접 경험해보지 못한 것들이 더 많다. 막연하게 알고 있는 것들은 모두 두려움의 대상이 된다. 직접 경험한 것들은 열린 마음으로 받아들일 수 있으나 다른 사람들이 주입한 생각들은 모두 고정관념이 되어버린다. 두려운 생각은 그런 데서 온 고정 관념이다. 그러므로 관점을 바꿔 새로운 눈으로 바라보려는 노력이 늘 필요하다. 긍정적인 눈으로 바라보면 어떤 일도 두렵지 않다. 실패할지도 모른다고? '한번쯤 실패하라지, 뭐!' 그렇게 생각하면 그만이다.

비교와 경쟁을 포기한다 ⟫⟫➤

우리는 알게 모르게 자신을 다른 사람과 비교한다. 그것도 자신의 기준으로 비교하는 것이 아니라 다른 사람의 기준으로 자신을 평가한다. 성공 여부를 다른 사람과 비교하려고 하면 늘 실망하게 된다. 어디에나 나보다 뛰어난 사람들이 무수히 많기 때문이다.

하지만 그 사람은 자기 분야에서 성공했을 따름이다. 사람은 제각각 특성이 다르고 잘하는 분야가 다르므로 그와 나를 비교할 수는 없다. 그것은 물에 사는 거북과 뭍에 사는 토끼를 비교하는 것과 다르지 않다. 비교와 경쟁은 좋은 방법이기도 하지만 남보다 나아지려는 것은 어리석은 일이다.

세상은 함께 성공해야 한다는 생각으로 살아야 한다. 각자의 개성을 생각한다면 그리 어려운 문제도 아니다. 요리사가 굳이 보험 설계사가 될 필요가 없다. 화가가 굳이 요리사가 될 필요가 없는 것과 마찬가지이다. 남이 성공한 모습을 보고 박수를 보내주면 그만이다. 그것을 흐뭇하게 느낄 수 있어야 한다.

서로 깎아내리기 위해 경쟁하고 비교하는 것이 아니다. 경쟁과 비교는 서로의 발전을 위한 것이다. 자신이 설정한 목표를 효과적으로 달성하기 위한 자극과 교훈으로 이용되어야 한다. 좀 더 분발하기 위한 것이다. 남을 이기기 위한 것이 아니다. 이기기 위해 산다거나 일한다면 시작하는 순간 불안과 두려움에 떨어야 한다. 비교와 경쟁을 포기하는 순간 두려움이 사라진다.

7. 실패에 익숙해진다

실패도 자산이다. 실패를 안타까워할 필요 없다. 실패는 많은 정보를 담고 있는 경험의 블랙박스이기 때문이다. 그러므로 실패를 자기 것으로 만들지 못하면 철저히 손해를 보게 된다.

실패를 자기 것으로 만든다는 뜻은 실패에 대한 책임을 진다는 뜻이다. 실패를 다른 사람 탓으로 돌리면 안 된다. 실패한 주체는 바로 나 자신이다. 실패를 다른 사람 탓으로 돌리는 순간 실패가 주는 교훈을 전혀 찾을 수 없다.

실패를 자신의 무능 탓으로 돌려서도 안 된다. 뛰어난 천재들도 흔히 겪는 일이 실패다. 그러므로 실패 때문에 의기소침할 필요가 없다. 실패를 했어도 우리는 여전히 유능한 존재다.

견디기 힘든 경험이지만 가능하면 많이 실패해보는 것이 좋다. 어디에서도 배울 수 없는 값진 교훈을 얻을 수 있고 결국 성공에 한걸음 더 가까이 다가갈 수 있다.

같은 실패를 반복하지 않는다 ⟫⟫➤

단번에 성공하는 것도 좋다. 그러나 긴 안목으로 보면 실패를 많이 겪어보는 것이 더 좋다. 많은 실패는 새로운 시도를 많이 해보았고 더 많은 정보를 얻었다는 증거다. 그러나 한 번 겪은 실패는 여러 번 반복하는 것은 문제가 있다.

같은 실패를 계속 범한다는 것은 그 실패에서 교훈을 얻지 못했거나 교훈을 무시했거나 교훈에 따른 방향 수정을 제대로 하지 못했기 때문이다. 이때의 실패는 순수한 손실과 낭비로 남는다. 무엇이 잘못됐고 왜 그렇게 됐는지 철저히 따져봐야 한다. 앞으로 어떻게 더 나은 방식으로 개선할지 그 해결책을 얻을 수 있어야 한다.

실패는 이미 지나간 일이다. 과거보다는 미래를 생각해야 한다. 최악의 상황까지 예상하고 해결책을 생각해내야 한다. 해결책이나 수습책이 실패한 상황을 기회로 만들어줄 가능성이 아주 많다. 그것 자체가 새로운 방식의 개발이기 때문이다. 더 발전할 수 있고 더 크게 성공할 수 있다는 믿음을 갖고 실패에 대처한다.

주저앉지 말고 행동한다 ⟫⟫

세상도 인간도 빠른 시간 동안에 급격하게 변한다. 어제의 세상은 오늘의 세상이 아니다. 어제의 나는 오늘의 내가 아니다. 그러므로 달려가는 세상과 변해가는 인간들 속에서 정지해 있다는 것은 혼자 뒤로 달리는 것이나 마찬가지다. 성공하기를 원한다면 계속 앞으로 나아가야 한다. 한 곳에 멈춰서 있으면 퇴보한다. 그러므로 실패하더라도 앉아서 기다리지 말고 무엇인가를 해야 한다. 세상의 발걸음에 박자를 맞추지 않더라도 자신의 속도로 나아가야 한다.

실패에서 교훈을 얻을 수 있다면 인생에서 잃을 것은 하나도 없다. 가장 어려운 시간 속에서도 무엇인가 배우고 있기 때문이다. 오히려 인간은 그런 때에 가장 소중한 교훈을 얻는다. 그러므로 늘 긍정적으로 희망을 가지고 나아가야 한다. 침체의 시기에는 다음 단계를 준비하면서 살아야 한다.

침체의 시기는 숙성 단계다. 이 단계를 건너뛰어서는 열매를 맺을 수 없다. 피해야 할 시간이 아니라 적극적으로 활용해야 할 시간이다. 어차피 멈출 수는 없다. 목표가 기다리고 있다. 이 목표를 달성해야 다음 단계로 전진할 수 있다.

실패가 연속되고 일이 제대로 되지 않는 어려운 시기가 누구에게나 있다. 이때에는 행동을 하기가 두려워진다. 그러나 허망한 결심 따위는 필요 없다. 지금 무엇을 할 것인가가 중요하다. 주저앉아 있지 말고 지금 할 수 있는 일을 하는 것이 좋다. 작은 일에라도 최선을 다하며 시간을 보내야 한다. 결국 작은 행동이 자신을 일으켜 세운다.

8. 인적 네트워크를 형성한다

인적 네트워크는 사회생활의 피할 수 없는 요소다. 특히 업무와 관련된 네트워크는 성공의 필수 요소로 강조되고 있다. 서로 돕는 행위의 시너지 효과는 상상보다 훨씬 크다. '오타쿠'나 '히키코모리' 같은 폐쇄적 은둔 생활을 하는 사람들마저도 어떤 식으로든 사람과 관계를 맺으며 살고 있다. 그러나 우리는 인적 네트워크의 중요성을 알면서도 그리 철저하게 관리하지 않는다.

사람이 재산이다 >>>

성공한 사람들치고 대인 관계가 나쁜 사람은 없다. 그들은 인적 네트워크에 많은 공을 들인다. 자기 자신보다는 다른 사람들에게 더 신경을 쓰는 것처럼 보일 정도다. 실제로 그들은 남을 돕는 일에는 철저히 헌신적이다. 대인 관계의 활용도에 따라 일의 성과가 엄청나게 달라진다는 것을 알기 때문이다. 어떤 일들은 주변 사람의 도움이 결정적인 역할을 해 가능하지 않은 일도 잘될 수 있다. 주변 사람의 무관심이 일을 망치는 경우도 있다. 그러나 꼭 이용 가치가 있기 때문에 인적 네트워크를 유지하는 것은 아니다. 서로 돕는 일은 그 이상의 중요한 사회적 활동이라는 것을 알기 때문이다.

성공한 사람들은 이런 사실을 뼈저리게 실감하고 있다. 어떤 일을 먼저 경험한 사람은 뒤늦게 시도하는 우리에게 그 일에 대해 많은 정보를 줄 수 있다. 이것은 시간 낭비와 시행착오를 줄일 수 있는 좋은 방법이다. 또 자신에게 없는 재능은 다른 사람의 도움을 받을 수밖에 없는데, 어떤 재능은 다른 재능이 더해질 때 효율이 몇 배 더 커질 수 있다. 그러므로 다른 사람의 도움은 단순한 조력의 차원을 떠나서 일의 성패에도 큰 영향을 줄 수 있다. 더구나 인적 네트워크는 일의 효율성 이상의 가치를 지니고 있다. 인간적인 면에서도 큰 활력소가 된다.

도움 주는 일이 중요하다 >>>

앞날을 볼 때에는 되도록 멀리 봐야 한다. 초점을 먼 데에 두고 살아야 한다. 사람을 만나더라도 눈앞의 이익만 보고 만나면 안 된다. 서로가 오래 좋은 관계를 유지할 생각으로 만나는 것이 정상이다. 몇 십 년 뒤의 나의 모습을 생각한다면 사람과 관계를 맺을 때 얼마나 진지하게 다가가야 하는지 답이 나올 것이다.

오랜 인간 관계는 세상을 살아가는 데 많은 도움이 된다. 그러나 도움을 받는다는 생각만 하면 그 관계는 오래가지 못한다. 나도 남들에게 도움이 되는 존재여야 한다. 도움 받는 마음보다 주는 마음이 더 흡족하다. 나의 가치를 확인할 수 있기 때문이다. 서로 돕는 마음은 사회를 더 아름답게 만든다. 인적 네트워크에서 가장 중요한 것은 이런 '윈-윈 마인드'다.

스티븐 코비는 '나의 성공이 다른 사람의 희생으로 이뤄져서는 안 된다.'고 충고하고 있다. 자기 이익만 생각하는 대인 관계는 깨지기 쉽고 의미도 없다. 사람은 받는 대로 주게 되어 있다. 그러므로 받을 생각부터 하지 말고 뭔가 도움이 될 수 없을까를 생각해야 한다. 10명을 도우면 100명에게서 도움을 받게 된다. 그러나 도움을 받지 못한다고 해서 아쉬워할 필요 없다. 내가 남에게 도움이 되는 존재라는 것만으로도 기분 좋은 일이다. 어쨌든 씨를 뿌린다는 생각으로 행동해야 한다. 언젠가는 거둘 것이다.

인간 관계가 네트워크로 연결되면 어떤 시스템보다도 효율적으로 서로를 도울 수 있다. 특히 온라인으로 연결되는 요즘에는 인적 네트워크가 얼마나 엄청난 시너지 효과를 창출하는지 쉽게 확인할 수 있다. 인적 네트워크가 점점 확장되면 미래에는 우리의 가장 큰 무기가 될 수 있다. 여러 사람이 힘을 동시에 결합할 수 있는 시스템은 그 파워가 엄청날 것이다.

나를 보여주고 상대를 기억한다 >>>

　　대인 관계가 중요하다는 것을 알아도 쉽게 관계를 맺지 못하는 사람들도 있다. 사람을 대하는 게 원만하지 못한 사람들은 사람 만나는 기회를 피한다. 사람 만나는 것이 '일'이 되어버렸기 때문에 괴롭다. 일이라고 생각하면 부담이 된다. 이런 경우에는 '일'이라는 생각을 철저히 털어버린다. 그저 만나서 그 사람과 그 시간을 즐긴다고 생각한다.

　상대가 어떤 사람일지, 무슨 이야기를 나눌지, 나를 어떻게 볼지, 미리 생각하거나 걱정하지 말고 그저 가벼운 마음으로 만나는 것이다. 만나서 뭘 얻으려는 생각도 버린다. 결과가 어떻게 될지 신경 쓰지 않는다. 그냥 아무 걱정 없이 시간을 보낸다. 상대 이야기를 들으면서 그 시간을 즐기면 된다. 나 역시 하고 싶은 이야기를 하면서 나를 있는 그대로 보여준다. 그리고 그 사람을 기억해둔다. 상대도 나를 기억해줄 것이다. 자신을 알릴 수 있는 기회이므로 되도록 자기 자신에 대해서 말해야 한다.

　사람은 주는 대로 받게 되어 있다. 친절하고 관대하게 대하면 상대도 나를 그렇게 대해준다. 내가 도울 수 있다면 도와줘야 한다. 그러면 나도 언젠가는 도움을 받을 것이다. 도움의 대가를 바라면 안 된다. 언젠가는 도움을 받게 될 것이지만 그렇게 되지 않더라도 상관없다. 도움의 연결 고리를 타고 내가 모르는 누군가의 도움을 받게 될 것이다.

　즐거운 마음으로 도와주는 것이 좋은 관계를 맺을 수 있는 가장 좋은 방법이다. 도움 받는 것보다는 도움 주는 존재가 되는 것이 대인 관계의 핵심이다.

9. 변화를 즐기면서 산다

성공하겠다는 것은 지금보다 더 나은 삶을 살겠다는 것이다. 그런 노력 자체가 변화를 추구하는 태도다. 변화가 없다면 성공도 없다. 성공하기 위해서는 끊임없이 방법을 바꾸어 시도하고 방향을 수정하면서 앞으로 나아가야 한다.

물론 늘 하던 익숙한 방식이 편하다. 변화한다는 것은 불편한 일이다. 그러나 변화를 받아들이지 않으면 성공할 수 없다. 변화를 당연하게 생각하고 적극적으로 받아들여야 한다. 그렇게 되면 발전의 다음 단계를 즐겁고 흥미롭게 받아들일 수 있다. 변화 자체를 즐겨야 한다. 늘 새롭게 살겠다는 생각을 가져야 한다. 그래야 성공을 향해 나아갈 수 있다.

확실하고 적극적으로 변한다 >>>

지금보다 더 나은 삶을 살기 원한다면 어쩔 수 없다. 변해야만 한다. 특히 성공하고 싶다면 확실하게 변해야 한다. 적극적으로 변해야 한다. 변화하지 않겠다고 멈춰 있어도 변하지 않는 것은 아니다. 세상 전체가 끊임없이 변하고 있으므로 세상은 변하지 않는 나를 변한 모습으로 인식한다. 그러므로 혼자 멈춰 서 있는 것은 뒤로 달리고 있는 것이나 마찬가지다.

성공하기 위해서는 끊임없이 새로운 도전을 통해 스스로 변화를 만들어내야 한다. 새로운 도전을 시도하는 것 자체가 변화를 받아들이는 것이다. 그 과정을 거치지 않고는 자신의 능력을 발전시킬 수 없고 인간으로서도 발전할 수 없다. 변화는 다음 단계로 나아가는 발판이다.

변화가 두렵다면 과거의 나와 현재의 나를 비교해 보아야 한다. 긍정적인 눈으로 보면 모든 변화는 발전이라고 볼 수 있다. 과거의 부정적인 변화도 긴 시간의 흐름에서 보면 긍정적으로 작용한 경우가 많다. 과거의 나를 생각해보면 변화는 대개 긍정적인 요인으로 작용했을 것이다. 변화에는 발전과 기회의 요소가 모두 들어 있다.

기회를 놓치지 않는다 >>>

변화가 긍정적인 것은 그 안에 기회가 담겨 있기 때문이다. 기회는 스스로 찾아오지 않는다. 만들어야 한다. 변화는 바로 기회가 찾아오는 시기다. 익숙한 방식을 고집하면 기회는 오지 않는다.

새로운 도전을 통해 변화를 시도하면 기회가 그만큼 많아진다. 성공하고 싶으면 변화를 유도하여 스스로 기회를 만들어야 한다. 기회는 우리 주변에 있는 것이 아니라 우리가 시도하는 변화 속에 있다.

목표는 늘 기억하고 있어야 한다. 평소에도 종이나 수첩에 적어 놓고 자주 보면서 생각하는 것이 좋다. 목표를 늘 생각하고 있어야 그것을 실행할 새로운 방법들이 떠오른다. 다른 일을 하다가도 어떤 아이디어가 떠오르면 그것이 전혀 상관없는 것처럼 보이는 목표와 연결되기도 한다. 기회는 이런 데서 이런 우연한 방식으로 생긴다.

일을 하면서도 자신의 재능을 효율적으로 활용할 방법을 늘 생각해야 한다. 그러면 우연히 목표와 관계있는 아이디어가 떠오르고 그것이 곧 기회와 연결된다. 다른 사람들에게 그들의 이야기를 많이 들어보는 것도 좋은 방법이다. 색다른 이야기를 많이 들어보는 것도 기회를 만들 수 있는 방법이 된다.

매일 최선의 선택을 하고 그 일을 완벽하게 마치도록 노력해야 한다. 실행하기 그리 어려운 일은 아니다. 특히 부담 없는 작은 일들이나 사소한 일을 하면서 새로운 방법을 시도해볼 필요가 있다. 이것 역시 그리 어렵지 않다.

작은 변화를 끊임없이 시도하면 창조력을 키우는 데에 좋은 훈련이 된다. 원래 정해져 있던 것은 없다. 우리가 그 방식을 만들고 거기에 익숙해져 있을 뿐이다. 새로운 시도와 실험에 익숙해져야 한다. 그러면 변화가 오고 꿈은 실현될 것이다.

10. 열정을 유지한다

'나는 무엇 때문에 사는가, 또는 무엇을 위하여 사는가?'라는 질문은 성공하고 싶은 사람들에게 중요한 질문이다. 사실 성공은 풍요롭고 안락한 생활보다는 이런 인생의 가치 실현에 더 큰 의의가 있다. 자신이 하는 일을 통해 가장 중요하게 여기는 꿈과 가치를 실현시킬 수 있다는 사실은 흥분할 만한 일이다. 우리가 열정을 느끼고 적극적으로 달려드는 것은 바로 이것 때문이다. 그러므로 성공하려고 노력하는 것은 열정적으로 사는 방식이기도 하다.

열정은 사랑에 빠지는 일이다 ▶▶▶

우리를 흥분시키고 고무시키는 일들이 있다. 바로 자신의 인생관이나 가치관과 일치하는 일들을 할 때가 그렇다. 특별히 인생관이니 가치관이니 하는 것을 의식하지 않아도 어떤 일이 그런 가치 실현과 관계가 있으면 무의식중에 열광하게 된다. 그런 일을 할 때면 에너지가 집중되어 생각하지 못했던 결과가 나온다. 바로 열정 때문이다. 열정이란 목표를 달성하려는 강한 욕구이다. 목표를 위해 과감하게 행동하고 열심히 새로운 변화를 시도한다.

열정은 꿈과 가치에 대한 사랑이다. 그래서 사람을 사랑에 빠진 것과 비슷하게 만든다. 관심은 온통 특정한 일에 쏠려 있다. 그걸 위해서는 무슨 일이든지 하겠다고 물불 가리지 않고 나선다. 마치 사랑처럼 그 일이 자기 인생에서 가장 중요하다고 생각하기 때문에 그걸 이루기 전에는 아무 것도 생각할 수 없다. 모든 것을 이해하고 포용하고 사랑한다. 자신에게 의미 없는 일이라면 아무리 중요한 일이라도 이해하려고 하지 않는다.

잠든 재능을 일깨운다 ▶▶▶

　　　열정적으로 일하는 사람은 열정 하나로 덤비는 것 같지만 그렇지 않다. 모든 것이 집중되어 일어나는 불꽃이 열정이다. 가치관이 동의하지 않으면 열정은 일어나지 않는다. 열정은 재능과도 연결된다. 자신의 재능과 맞지 않는 일에는 열정이 일어나지 않는다. 에너지가 집중이 되지 않기 때문에 노력해도 결과는 좋지 않다. 열정이 있으면 효율적이고 헌신적으로 일할 수 있다는 것은 재능과도 관계가 있기 때문이다. 열정적이면 성공에 훨씬 가깝게 다가간 것이다.

　　성공하고 싶으면 어떤 일을 하든지 열정을 유지해야 한다. 열정이 있어야 완전하게 집중할 수 있기 때문이다. 열정을 유지하면 용기를 가지고 일을 할 수 있다. 새로운 시도에는 늘 위험 부담이 있다. 그것 때문에 두려움이 생긴다. 그러나 열정은 사람을 고무시켜 자신감과 용기를 불어넣어준다. 마음이 고무되면 에너지가 두 배로 높아진다.

두려움을 이긴다 ▶▶▶

　　　위험 부담이 큰 일이나 전혀 새로운 일에 돌입할 때에는 늘 두려움이 따른다. 행동을 하기도 전에 실패에 대한 두려움이 성공에 대한 즐거움을 압도한다. 성공의 장면을 떠올려 봐도 실패의 위험을 감수해야 할지 망설여진다.

　　성공은 지금보다 더 높은 수준의 인생과 생활을 이루겠다는 꿈의 실현이다. 꿈을 실현시키기 위해서는 위험을 감수해야 한다. 이때에 두려움을 이길 수 있는 것이 열정이다. 열정은 어떤 두려움도 이길 수 있을 만큼 욕구가 강렬할 때에 생기는 강한 정서다.

미지의 세계에 대한 두려움, 실패에 대한 두려움, 자신의 능력에 대한 두려움들을 어쩔 수 없다. 당연한 감정이다. 이것을 이길 수 있는 것은 열정밖에 없다. 그러나 자기 자신을 믿지 못하면 열정이 일어나지 않는다. 자신이 완벽한 인간이라는 것을 믿고 자기 재능을 믿어야 한다.

목표를 달성했을 때의 즐거운 장면과 기분을 좀 더 생생하게 떠올려야 한다. 변화를 주지 않으면 안정적인 생활을 하겠지만 달라지지 않는 생활이 계속되는 장면을 떠올려보면 끔찍해진다. 이때에 강한 열정이 위험과 두려움을 이기고 행동할 수 있게 이끌어준다. 정말 좋아한다면 모든 것을 이겨낼 수 있다는 자신감이 생긴다.

늘 공부하게 만든다 >>>

어떤 일을 좋아하게 되면 그 일에 대한 관심이 커지고 이것저것 알고 싶어진다. 자연스럽게 정보를 수집하고 기술을 배운다. 열정은 우리에게 활력을 주고 늘 공부하게 만든다. 아는 게 많아지면 일의 수준도 높아진다.

열정적인 사람들은 어디에서나 배우고 정보를 얻는다. 그 일과 관계있는 것이라면 작은 것 하나라도 놓치지 않고 관찰한다. 늘 관심을 갖고 보기 때문에 늘 배운다. 그것을 통해 자신의 방법과 지식을 발전시키고 인생을 한 단계 향상시킨다. 그러므로 열정을 갖게 되면 성공에 그만큼 가까이 다가가게 된다.

열정이 없으면 새로운 도전을 하기 힘들다. 성공 욕구만으로는 도전이 쉽지 않다. 새로운 도전이 가능하려면 최소한의 열정은 있어야 한다. 새로운 도전에서 배우는 교훈은 엄청나다. 새로운 기술을 익히고 자신의 재능을 확인하고 위기 극복 방법까지 알게 된다. 새 영역에서는 익숙하지 않은 방법으로 힘들게 일을 처리해나가면서 자연스럽게 새로운 방법을 익히고 숨어 있는 재능을 발굴하게 된다. 열정은 새로운 시도를 가능하게 만들고 새로운 시도는 새로운 경험을 가능하게 만든다. 직접 경험해보아야 그 일에 대해 가장 많이 배울 수 있다. 그러므로 새로운 시도를 많이 하는 사람은 누구보다 많이 배우게 된다. 직접 경험을 통해 습득된 교훈은 쉽게 잊히지 않는다.

열정은 사랑처럼 불타오르는 것이 특징이다. 그런 특성상 무작정 유지되지 않고 일정 기간이 지나면 잦아든다. 대상에 대한 감정이 성숙 단계에 접어든 것이다. 열정이 잦아든다고 느껴지면 변화할 때가 온 것이다. 새로운 도전을 시도하여 새로운 대상에 열정을 느껴야 할 때가 온 것이다. 성공이란 목표 달성을 계속하면서 열정 속에 사는 과정이다. 사실 우리는 목표 달성의 결과보다는 열정의 과정에서 더 행복을 느끼게 된다.

제3장

성공을
온몸으로
실천하라

"성공은 단기적인 시도만으로는 이뤄지지 않는다. 단기적
으로는 실패한 것처럼 보이는 일도 성공의 한 과정이다.
시간 문제일 뿐 언젠가 이뤄진다고 굳게 믿어야 한다."

1. 성공 달성을 위한 삶의 원칙

대부분의 사람들에게는 꿈이 있다. 그러나 그것을 행동으로 옮기는 사람은 의외로 많지 않다. 꿈이 실현되기를 바라는 것만으로는 충분하지 않다. 실천이 따라야 꿈이 완성된다. 꿈의 실현을 위해 행동에 옮길 때에는 성공을 위한 실천 단계들을 달성하기 위해 생활 속에서 늘 수행해야 할 삶의 원칙들이 있다. 이것들은 성공을 위한 삶을 살아가면서 늘 지켜야 할 행동 방침들이다. 평소에 기본 원칙들을 수행하면서 살지 않으면 성공 실천 단계들을 실행하기가 어렵다.

최고 수준에 도달한다 ▶▶▶

성공한다는 것을 다른 사람과 경쟁해서 이기는 것이 아니다. 다른 사람을 이기는 것보다는 자신을 이겨야 한다. 나의 발전을 방해하는 것은 다른 사람이 아니라 바로 나 자신이다. 다른 사람의 도움이나 방해는 일시적으로는 지속될 수 있어도 영원히 지속될 수는 없다. 그러나 나 자신은 나를 죽을 때까지 따라다니면서 돕기도 하고 방해하기도 한다.

다른 사람과 경쟁하지 않으면서도 이길 수 있는 방법은 자기가 하는 일에서 최고 수준에 도달하는 것이다. 그러면 다른 사람을 의식할 필요가 없다. 자신이 도달할 수 있는 절대적 수준에 다다르면 된다. 자신의 장점을 살려 최고 수준까지 올라가는 것이다. 사람은 누구에게나 장점이 있다. 그것을 최고 수준으로 끌어올리면 아무도 따라올 수 없는 지존이 된다.

즐기면서 일한다 ▶▶▶

일을 즐기면서 돈까지 벌 수 있는 직업이 세상에서 가장 좋은 직업이라고 말은 하지만 실제로 그런 방법으로 취직하는 사람은 많지 않다. 그러나 지금 하고 있는 일이 즐겁지 않다면 벗어나는 게 좋다. 방법은 두 가지다. 지금 하는 일을 그만두고 즐겁게 할 수 있는 일을 찾든지, 아니면 지금 내가 하고 있는 일을 즐긴다. 억지로 하는 일에서는 긍정적이고 열정적인 에너지가 나오지 않는다.

즐겁지 않은 일을 즐기기란 불가능하다. 하지만 보는 관점을 바꾸면 사고의 전환을 할 수 있다. 보도블록을 까는 일은 단조롭고 힘들지만 사람들의 편의를 위해 봉사하는 일이라고 생각하면 의미가 달라진다. 어떤 일에든지 다른 사람의 행복을 위해 노력하고 있다는 의미를 찾아내 부여할 수 있다. 자신의 일에서 이타적인 의미를 찾을 때 일이 즐거워진다.

시간을 길게 본다 ▶▶▶

　　일이란 당장에는 빠르고 느린 게 눈에 보일지 몰라도 긴 안목으로 보면 크게 차이가 나지 않는다. 어떻게 하든 시간은 비슷하게 걸린다. 2시간에 할 일을 1시간에 해치웠다고 해도 1년 지난 뒤에 보면 그때의 1시간 단축이란 아무런 의미가 없다. 결과는 서두르지 않을 때와 비슷하다. 그러므로 길게 보지 않으면 시간을 여유 있게 활용하지 못하고 늘 바쁘다.

　　일은 그 연속성과 이후의 영향까지를 생각하고 해야 한다. 그러려면 시간을 길게 보고 일을 할 필요가 있다. 급히 해결해야 할 일들은 늘 기다리고 있다. 그러나 오랜 시간에 걸쳐 차근차근 해나가야 할 일도 있다. 서두른다고 다 되는 것은 아니다. 큰 꿈이 완성되려면 많은 시간이 걸린다. 지금 급히 서두르는 것은 아무런 의미가 없다. 부분적으로는 뭔가 이룬 것처럼 보이겠지만 전체적으로는 그저 극히 작은 부분이 조금 빨리 완성된 것뿐이다.

　　꿈을 완성하려면 긴 시간이 필요하다. 오히려 포기하지 않고 천천히 가는 발걸음이 필요하다. 눈앞의 목표만 생각하고 급한 일들에 휘둘리면 안 된다. 당장에 해결해야 한다는 생각은 마음만 다급하게 만든다. 그 래서 늘 바쁘게 살아간다. 당장 급한 일들도 해야 하지만 늘 자신의 목표 전체를 보고 의미 있는 일에 시간과 공을 들이는 자세가 필요하다.

기록을 유지한다 ▶▶▶

기록은 목표를 달성하는 데 많은 도움이 된다. 기록하는 것을 습관으로 만들어 놓으면 많은 도움이 된다. 필기할 수 있는 작은 도구들 을 가지고 다니면서 하루 종일 겪는 일은 다 기록한다는 생각으로 모두 기록해보면 점점 습관으로 굳힐 수 있다.

어떤 일을 문자로 기록해두고 늘 눈으로 보면 전혀 다른 효과가 나타 난다. 생각은 스쳐지나가고 여러 가지 생각이 동시에 떠오르기도 하지만 문자로 기록해놓으면 확실히 고정되어 집중해서 생각할 수 있는 여지가 생긴다.

갑자기 어떤 아이디어가 떠오를 때 종이에 적어놓고 보면 생각이 더 깊어지거나 새로운 생각이 이어서 떠오르기도 한다. 글로 적어보면 생각 이 압축되어 정리되고 전체가 한 눈에 보인다. 어떤 아이디어를 확실히 파악할 수 있는 장점이 있다.

성공한 사람들은 모두 메모광이다. 늘 할 일이나 아이디어나 대화를 메모한다. 잊어버리지 않으려는 의도도 있고 생각을 정리하려는 의도도 있다. 저녁에 그날의 메모들을 보면 하루 동안 자신이 무슨 생각과 행동 을 했는지 흐름을 알 수 있다. 기록을 보면 여러 가지가 보인다.

건강한 몸을 만든다 ▶▶▶

몸을 정신의 노예 정도로 여기는 생각은 잘못된 것이다. 몸은 성공을 향해 달려가는 데 중요한 요소이다. 몸이 괴로우면 정신 역시 괴로워서 제대로 활동을 할 수 없다. 몸이 건강하지 않으면 자신의 몸을 자기 의지대로 통제할 수 없다. 몸을 건강하게 유지할 수 있고 통제할 수 있다면 비로소 제대로 뭔가를 도모할 수 있다.

몸이 건강하지 않으면 어떤 일도 제대로 할 수 없다. 그러나 우리는 몸을 운동하는 데에나 쓰는 여가용 제품으로 생각한다. 어떤 일이든지 몸을 사용하지 않고는 할 수 없다. 의자에 앉아 있는 것도 몸이 건강하지 않으면 오래 지탱할 수 없다. 하루를 상쾌하게 보낼 수 있는 몸을 갖추는 것은 성공의 필수 조건이다. 지쳐 있는 몸으로는 능력을 최대한 발휘할 수 없다. 몸을 위해 음식과 운동을 철저하게 조절해야 한다.

2. 성공 달성을 위한 실행 계획

성공한 사람들이 말하는 성공의 공식은 대개 비슷하다. 그런데 너무 상식적이고 간단해서 특별히 비결이라고 생각되지 않는다. 그러나 이 간단한 과정을 성실하게 수행하는 사람조차 거의 없다. 그래서 성공하는 사람도 많지 않다.

사실 목표를 향해 포기하지 않고 나아간다는 것도 쉽지 않고, 방법을 바꿔가면서 달성할 때까지 반복한다는 것도 쉬운 일은 아니다. 단기적으로는 달성 불가능하게 보일 수도 있다.

그러나 높은 목표는 하루아침에 이뤄지는 것이 아니다. 실패는 중단했기 때문에 실패가 된 것이다. 중단하지 않는다면 실패는 성공의 자산으로 남는다. 단기의 성공들이 많이 모여야 비로소 큰 성공이 이루어진다. 그러므로 긴 안목을 갖는 것은 성공의 중요한 핵심 요소이다.

단기적으로는 실패한 것처럼 보이는 일도 오랜 시간이 지난 다음에는 성공의 한 과정으로 변한다. 시간 문제일 뿐, 언젠가는 이뤄진다고 굳게 믿어야 한다. 인생에는 오르막과 내리막이 있다. 성공으로 가는 단계들을 성실히 수행하면 성공하지 못하는 경우는 없다. 단지 인내가 문제다. 성공하기 위해서는 다음의 단계들을 실행하면 된다.

1단계 : 성공하겠다고 결심한다

결심이 성공의 시작이다 ▶▶▶

성공의 과정은 성공하겠다고 결심하는 것으로 시작된다. 성공하기를 진심으로 원한다면 굳은 결심을 해야 한다. 자신은 위대한 잠재력을 지닌 완벽한 인간이기 때문에 그것을 발굴하여 활용하면 이루지 못할 일이 없다고 굳게 믿어야 한다.

보통의 결심 정도로는 안 된다. 아주 강력하게 결단을 해야 한다. 자신의 엄청난 잠재력을 최대한 발휘하여 꿈을 이루기 전에는 아무 것도 하지 않겠다고 결심해야 한다. 동시에 간절히 원하는 것은 반드시 이루어진다고 굳게 믿어야 한다. 이 결심과 믿음을 평소에도 계속 상기하면서 거듭 결심하고 믿어야 한다. 단 1%라도 의심이 있으면 안 된다. 이 마음을 버리지 않으면 누구나 성공할 수 있다.

미래의 자신을 상상한다 ▶▶▶

늘 해보고 싶었지만 해보지 못했던 일들의 리스트를 만든다. 남보다 잘할 수 있는 재능이 있으면 그것을 살릴 수 있는 일들도 적는다. 일단 떠오르는 대로 다 적는 게 좋다. 리스트 중에서 꼭 해보고 싶다는 생각이 절실하게 드는 것들을 고른다. 막연히 해보고 싶다는 일들이 아니라 간절히 원하는 것들만을 골라야 한다.

그중에서 실행에 문제가 있거나 비현실적인 것들을 지운다. 그런 다음에 그 일을 이뤄야 하는 이유, 그 일을 이뤘을 때와 이루지 못했을 때에 생기는 장단점, 그 일을 이루기 위해서 실행해야 할 행동을 적는다. 그리고 마지막으로 미래의 자기 모습을 구체적으로 떠올리며 자세히 적어본다. 목표를 다 이룬 다음의 모습을 상상하며 기록한다. 자격시험을 치르기로 했다면 합격한 다음의 자기 모습과 생활을 상상해본다. 수영을 배우기로 했다면 균형 잡힌 몸과 능숙하게 헤엄을 치는 멋있는 모습을 상상해본다. 살을 빼기로 했다면 감량한 자신의 멋진 모습을 적어본다.

2단계 : 목표와 계획을 세운다

목표는 구체적이어야 한다 >>>

　　계획을 세울 때는 목표가 명확해야 한다. 현실적이고 구체적이어야 한다. 특히 목표 달성 기간을 분명히 해야 한다. 동시에 모든 상황을 감안하여 자신의 능력으로 실행 가능한 목표여야 실현이 가능하다. 며칠 만에 40km을 뛸 수는 없다. 하루에 1km씩 뛰다가 익숙해지면 일주일마다 거리를 조금씩 늘려나가야 한다. 그렇게 하면 6개월 뒤에는 마라톤 풀코스를 달릴 수 있다.

　　당장에는 아무리 노력해도 그 거리를 달릴 수 없다. 전체 목표는 크게 잡더라도 부담이 가지 않는 중간 단계를 설정하여 점진적으로 노력해야 달성 가능하다. '난 할 수 있어!'라는 말은 안 되는 것을 이루기 위해 자기 암시를 하는 말이 아니라 현실적으로 할 수 있다는 말이다. 실현 가능하다는 생각이 들면 포기하지 않고 끝까지 하게 된다.

　　꿈은 커야 한다. 전체 목표는 크게 잡아야 한다. 우리가 달성하려는 일들은 독서나 수영이나 외국어 습득처럼 단번에 달성되지 않는 일들이다. 오랜 시간 공들여 실행을 하면 시간이 지나서야 효과가 나타나는 일들이다. 이때에는 전체 목표를 단계별로 쪼개어 작은 목표를 많이 설정해두면 심리적인 부담감이 적어진다.

　　중간 단계들은 하루, 일주일, 한 달 동안에 달성할 수 있는 목표들로 채운다. 작은 목표는 이루기 쉽다. 이것들을 하나씩 이뤄나가면 성취감도 높아진다. 매일 조금씩 규칙적으로 하는 것이 중요하다(사실 이것이 대단히 어려운 일이기는 하다!). 어떤 것이든 매일 실행하면 습관으로 굳어져 계획대로 이룰 수 있다. 지속적으로 노력해 습관을 만드는 것이 성공의 비결이다.

긍정적이어야 한다 ▶▶▶

큰 목표는 달성하는 데 오랜 시간이 걸린다. 언제 이뤄질지 어림잡기 어렵다. 그래서 대개 기한을 정해놓지 않는다. 그러나 달성 기한이 막연하면 이래저래 미루다가 결국에는 실패한다. 중간 단계로 나누어 확실한 기한을 정해두고 노력해야 제대로 달성할 수 있다.

기한이나 시간을 정할 때는 넉넉하게 잡는다. 너무 빠듯하게 잡으면 계획대로 실천을 하지 못해 실패하는 경우가 많다. 휴식 시간이나 휴식 기간까지 계획에 포함시켜 놓으면 전체 시간 운용이 여유로워진다. 게으름을 피우거나 사정상 정해진 시간을 지키지 못했을 때는 쉬는 시간을 할애하면 된다. 시간 계획표를 붙여놓고 그 시간을 반드시 지키도록 노력한다.

가장 중요한 일이 뭔지 결정해 놓으면 어떤 상황에서든지 그 일을 우선 하고 난 다음에 다른 일들을 하게 되므로 계획을 지킬 수 있다. 휴식 시간 활용을 남용하면 안 된다. 이것이 쌓이면 실패 요인이 될 수 있다.

말은 무의식에 많은 영향을 미친다. 계획을 세울 때는 '하지 않는다'는 식의 부정적 표현을 쓰지 말고 '하겠다'는 긍정적 표현을 쓴다. 긍정의 계획은 그것을 실행하는 데에만 행동을 집중하면 되지만 부정의 계획은 금지 사항이기 때문에 해야 할 것과 하지 말아야 할 것 등등 고려할 사항이 많아져 쉽게 실행되지 않는 수가 있다.

목표 달성 계획은 성공할 경우만을 생각하고 앞으로만 나아갈 수 있게 만들어야 한다. 되도록 구체적으로 실행 사항을 열거하고 그것을 측정 가능하게 만들어 놓는다. '오늘부터 늦잠을 자지 않겠다.'는 부정의 계획이자 구체적이지 않은 계획이다. '오늘부터 일찍 일어나겠다.'는 것이 긍정의 계획이다. 그러나 여전히 막연하다. '오늘부터 4시에 일어나겠다.'는 구체적이고 측정 가능하다. 이것이 훨씬 효과적이라는 건 누구나 알 수 있다.

목표를 글로 적어둔다 >>>

글에는 문자가 가지고 있는 특성과 효과가 담겨 있다. 마음속으로만 생각하는 것과 글로 적어놓고 문자의 형체를 눈으로 보는 것은 많은 차이가 있다. 목표를 설정하기 위해서는 하고 싶은 것들이나 원하는 것들의 리스트를 작성해, 절실하지 않은 것들을 지워나간다 다음, 도저히 지울 수 없는 것들이 남으면 그것을 자신의 목표로 삼는다.

지우고 남은 리스트가 있긴 하지만 좀 의심쩍을 수도 있다. 다음날 다시 적어보든지 좀 더 생각해본다. 그렇게 고른 것들은 나름대로 각자가 이뤄보고 싶은 일들이다. 종이에 적어서 책상머리에 붙여두든지 수첩 맨 앞장이나 뒷장에 적어놓는다.

목표의 각 항목이 결정되면 그것을 이루기 위해 해야 할 일들을 적는다. 그것이 실행 리스트이다. 각각의 실행 리스트 아래에 그것을 더욱 세분화하여 자세하게 해야 할 일들을 적는다. 10년의 목표 아래에 1년 동안에 해야 할 일들이 설정되고, 1년의 실행 사항들 아래에 1개월 동안 이루어야 할 실행 목표들이 생긴다. 그러면 매일 해야 할 일들도 자동적으로 계산된다.

작은 성공이 큰 성공을 이룬다 ⟫⟫⟫

거창한 계획을 세운 뒤에 3일 만에 그만두는 일은 너무 흔해서 아주 당연하게 여긴다. 하지만 이건 잘못된 생각이다. 목표와 계획이 부실하더라도 실행이 잘되면 목표를 이룰 가능성이 훨씬 커진다. 행동이 그만큼 중요하다. 중요한 것은 계획이 아니라 실천이다. 그러므로 어떤 목표나 계획이든지 쉽게 행동에 옮길 수 있는 작은 계획을 촘촘히 짜는 게 중요하다. 인생의 꿈은 크게 가져야 하지만 내일 할 일은 아주 단순하고 간단하게 설정한다. 작은 일 하나만 이뤄도 그날은 성공한 날이다.

독서 계획을 세운다면 세계문학전집 200권을 몽땅 읽겠다는 정도의 큰 계획을 세우는 것이 좋다. 그러나 그렇게 큰 계획은 슬그머니 그만둘 가능성이 많다. 무작정 덤벼들어 2~3일 열심히 읽다가 바쁜 일 때문에 며칠 건너뛰면 그만 잊어버리게 된다. 좋아하는 순서대로 작가 리스트를 만들어 놓고 매일 10페이지씩 읽겠다는 계획을 세우면 어렵지 않게 실천할 수 있다. 하루도 빠짐없이 실천하면 결국에는 200권을 다 읽게 될 것이다. 큰 일을 이루기 위해서는 큰 일을 해야 한다. 그러나 큰 일이란 작은 일이 모여서 이뤄진다고 생각해야 한다. 작은 일을 성실히 잘 수행하면 큰 일은 시간이 만들어준다. 인내심과 지속할 에너지만 있으면 된다.

인간은 목표 추구 동물이다 ▶▶▶

맥스웰 몰츠의 〈사이코사이버네틱스의 원리〉에 의하면 인간은 선천적으로 목표를 추구하도록 되어 있다고 한다. 그렇게 만들어졌기 때문에 목표를 세우고 달성하지 못하면 불행해진다. 기능적으로 인간의 뇌와 신경계는 기계적으로 목표 추구 메커니즘에 따라 작동하고 있다. 그러므로 메커니즘 작동자인 자신이 그것을 조작하는 방식과 태도에 따라서 성공 메커니즘으로 작동할 수도 있고 실패 메커니즘으로 작동할 수도 있다.

목표를 설정하고 계획을 세우고 실천하는 것이 귀찮을 수도 있다. 그러나 귀찮아하는 것은 본래 우리의 모습이 아니다. 우리는 끊임없이 목표를 달성하면서 살아가는 생명체다. 그러므로 그 과정에서 행복을 얻어야 한다. 성공 메커니즘은 각자의 형편에 따라서 작동시키는 방식이 다를 수도 있다. 긍정적인 방향으로 작동시킨다면 성공할 것이다.

3단계 : 즉시 행동에 돌입한다

성공과 실패의 갈림길이다 >>>

생각은 아무리 굴려보아야 거기서 결과가 나오지는 않는다. 행동으로 옮겨야 마음먹은 것이 비로소 실현되고 결과가 눈에 보인다. 행동이 변화를 불러오면 비로소 앞날이 바뀐다. 결심하는 것은 어렵지 않지만 실천하는 것은 쉽지 않다. 성공과 실패의 갈림길은 바로 여기다. 행동에 옮기지 않으면 실패를 할 수도 없다.

행동할 때가 되면 당장에 실행해야 한다. 이것이 가장 중요한 요점이다. 일단 시작해놓고 봐야 한다. 어물거리다가는 또 미루게 된다. 선뜻 시작하기가 어려울 수도 있다. 갈 길이 너무 멀면 지레 겁을 먹을 수 있다. 까다롭고 어려워 보이는 일을 만나면 두려워서 주춤거린다. 이것저것 따지면 걱정만 많아지고 몸이 나아가지 않는다. 그러니 아무 생각 말고 일단 시작하는 것이 중요하다. 완벽하게 성공하겠다고 마음을 먹고 준비를 철저히 하려고 들면 분명 미루게 된다. 실행력에 가장 문제 있는 사람들이 완벽주의자들이다.

지속적인 노력이 중요하다 >>>

성공의 방법은 여러 가지 있을 수 있지만 성공의 비결은 단 하나다. 지속적으로 노력하는 것이다. 실패는 방법이 나빠서 실패하는 경우도 있지만 도중에 포기하기 때문에 발생하는 경우가 많다. 목표의 중간 단계는 그래서 중요하다. 중간 단계를 잘게 나누어 놓으면 이루기 어렵지 않기 때문에 포기할 확률이 적어진다. 부담도 줄어들고 성취감도 자주 느낄 수 있어서 지속적인 노력이 가능하다. 일이 성공했을 때의 즐거운 장면을 자주 떠올려보는 것도 중단하지 않고 지속적으로 노력하는 데에 힘을 보탠다.

말은 심리에 가장 많은 영향을 미치는 매체이기도 하다. 긍정적으로 생각을 하면 긍정적인 말이 나온다. 긍정적인 말을 쓰려고 노력하면 긍정적인 생각을 하게 된다. 긍정적인 생각을 하게 되면 긍정적인 행동이 나온다. 말에는 의미가 담겨 있기 때문에 우리 정신과 육체에 많은 영향을 준다. 긍정적으로 생각하고 긍정적으로 말하면 포기하지 않고 지속적으로 노력할 수 있다.

대충해서는 성공할 수 없다 >>>

생각을 행동으로 옮길 때는 최선을 다해야 한다. 대충 시간만 때우는 식으로 실행하려면 하지 않는 게 낫다. 최선의 결과가 나오도록 노력을 다해야 한다. 성공한 사람들은 하찮은 일이라도 전력을 다해서 이룬다. 노력 자체만으로도 충분히 행복을 느끼며 살 만한 가치가 있기 때문에 최선의 노력은 어떤 일을 할 때나 의미가 있다.

지루하거나 힘들면 약간 속도를 줄인다. 잠시 쉬어도 된다. 기분이 가라앉아 있거나 몸이 힘들면 아예 하루를 푹 쉬는 방법도 있다. 그러나 너무 오래 쉬면 안 된다. 다른 사람과 비교할 필요는 없다. 그러면 쉽게 포기하게 된다. 인간은 각자의 재능과 환경이 다르기 때문에 자기 재능과 환경에 맞추어서 일해야 한다. 각자 제 속도로 갈 뿐이다. 모든 동물들이 치타가 될 필요는 없다.

긍정적인 생각을 하고 긍정적으로 행동하면 자기도 모르는 사이에 긍정적인 변화가 온다. 긍정적인 태도를 지속하면 그 사이에 긍정적인 생각이나 행동이 습관이 되어, 생활이 변하고 인생이 변하고 사람이 변한다. 주위 사람까지 변하게 만들 정도로 긍정적인 태도는 전염성이 강하다. 기분 좋게 변한 자신의 모습을 매일 상상하면 쉬지 않고 지속적으로 노력할 수 있다.

4단계 : 평가와 방향 수정을 한다

끊임없는 수정이 곧 성공이다 ▶▶▶

하는 일이 계획대로 잘 되고 있을 때에는 목표를 향해 정상 운항을 하고 있으므로 그대로 전진하면 된다. 그러나 아무리 계획이 좋아도 100% 달성되는 경우는 드물다. 일이 제대로 안 되거나 실패했을 경우에는 멈춰서 반성을 해야 한다. 중간 평가를 통해 부족한 점이나 잘못된 점들을 살펴보고 방향 수정을 한다. 방법도 고치고 중간 목표도 조정한다. 그러면 성공의 확률이 더 높아진다. '끊임없이 쇄신하라. 생산성 증대를 위해 끊임없이 날을 갈아라.'라는 스티븐 코비의 말처럼 끊임없이 수정해 나가면 올바른 방향을 찾을 수 있다.

중간 평가의 효과는 크다. 일이 잘 되고 있을 경우에는 성공이 가까워지고 있다는 예감 때문에 의욕이 솟고, 잘못된 경우에는 더욱 분발하여 목표를 달성하려는 투지가 솟는다. 중간 평가를 하면 잘못된 점들을 고칠 수 있고 중단 없이 노력을 지속할 수 있기 때문에 목표는 훨씬 쉽게 달성된다.

실패했을 때 중간 평가가 꼭 필요하다. 실패에서 교훈을 얻어야 오류를 수정하고 다시 실패하지 않게 된다. 세계 제일의 챔피언도 질 때가 있다. 최고의 투자 고수들도 잃을 때가 있다. 착오와 실패를 경험해야 새로운 발견을 할 수 있다. 실패가 많을수록 위대한 발견이 나온다. 중요한 것은 실패가 아니라 실패가 남긴 교훈이다.

어떤 일을 시도했다가 실패하면 비록 실패를 했더라도 추억으로 남을 뿐 그리 후회되지 않는다. 우리가 크게 후회하는 것들은 시도하지 못했던 일들이다. 해보지 못했던 일들을 아쉬워하는 것은 그것이 모두 놓쳐버린 기회들이기 때문이다. 성공한 사람들은 어떤 일에 실패를 하더라도 후회하지 않는다. 일단 최선의 노력을 다해서 시도해보았다는 것에 만족한다. 그것이 또 다른 기회가 되기 때문이다.

실패는 손실 보전의 기회다 ▶▶▶

성공보다는 실패를 더 많이 하면서 살아가야 하는데 그렇다고 그때마다 좌절감을 느낀다면 세상 살기 힘들다. 실패를 긍정적인 재료로 활용하는 것이 손해 보지 않는 방법이다. 실패가 중요한 것은 잘못된 부분을 확실히 알 수 있기 때문이다. 확실히 실패에는 많은 장점이 있다.

성공하기 위해서는 실패를 각오해야 한다. 인생은 시행착오의 연속이니까. 성공한 사람들은 모두 수많은 실패를 겪어본 사람들이다. 성공이란 시행착오를 무수히 교정해나가는 과정의 마지막 단계에 불과하다. 실패 없이는 전진하기 힘들다. 실험실의 과학자들은 무수한 실패를 거쳐 결론을 얻는다.

실패를 값진 경험이라고 생각하고 긍정적으로 받아들이는 태도를 갖춰야 한다. 실패를 통해 무엇인가를 배우려는 자세를 가져야 한다. 실패를 통해 방향이나 방법이 개선될 수 있다면 실패는 감당할 만한 가치가 충분하다. 실패하지 않았다는 것은 시도하지 않았다는 것이고 성공할 기회도 갖지 못했다는 증거이다.

이미지 훈련으로 극복한다 >>>

실패하면 누구나 당황해서 허둥거리게 된다. 좌절감에 빠져 자제력을 잃고 만다. 이때 목표 설정을 다시 하면서 강력한 동기 부여를 해주어야 한다. 마음속으로 성공한 모습을 그려보며 이미지 훈련을 한다. 그런 다음 지금 당장에 할 수 있는 일이 무엇인지 살펴본다. 판단이 서면 즉시 행동에 들어간다. 실패의 쓰라린 경험에서 벗어나는 방법은 행동밖에 없다.

동기 부여를 위해 사용하는 이미지는 적극적이어야 한다. 그러나 대부분의 사람들은 꿈이 그리 크지 않아서 하찮은 면이나 어두운 면을 본다. 그 일을 성취했을 때의 보상이 애매하거나 초라하다. 그런 영상을 마음에 떠올려서는 동기 부여가 안 된다. 풍요롭고 멋진 그림을 화려하고 다채로운 3차원 영상으로 그려야 한다. 분명한 그림을 그릴수록 더 나은 결과를 얻을 수 있다. 이것은 효과적인 자기계발프로그램인 NPL(Neuro Linguistic Programming 신경언어프로그래밍)의 개발자 스티브 안드레아스의 충고다.

자신 있게 행동하면 효과적으로 자제력을 회복할 수 있다. 이때 내 안에는 어떤 일이든지 극복하고 어떤 일이든지 이룰 수 있는 잠재력이 숨어 있다고 다시 강력하게 다짐한다. 그러면 실패도 한낱 오류 수정의 과정이자 성공으로 가는 계단일 뿐이다.

5단계 : 보상과 축하를 한다

보상은 동기 유발 요인이다 ⟫⟫➤

동기 유발을 위한 좋은 방법은 고래건 코끼리건 모조리 춤추게 만든다는 '칭찬'이다. 중간 목표를 달성할 때마다 스스로를 칭찬하고 축하해준다. 좋은 음식을 먹거나 샴페인을 마시는 등의 간단한 파티를 해도 좋다. 목표 달성 기념으로 기념품을 사는 것도 기분 좋은 기억을 오래 남길 수 있다. 즐거운 기억이 오래 남아 있으면 동기 유발의 효과가 커진다.

목표 달성은 아니지만 계획에 성과가 있을 때 또는 방법이 업그레이

드되었을 때 그때마다 스스로를 칭찬해주는 것이 좋다. 기분을 살려줄 수 있는 신나는 일을 즐기는 것이 방법이다. 그러면 일이 달성될 때마다 그 기분이 되살아날 것이다. 그러나 가장 긍정적이고 지속적인 동기 유발 요인은 일 자체에서 느끼는 즐거움이다.

끊임없이 도전한다 >>>

성공은 한 번으로 끝나지 않는 일련의 과정으로 지속적인 삶의 한 부분이다. 목표를 이룬 다음에는 다시 다음 목표를 향해 달려가야 한다. 그것이 인생이다. 끊임없이 도전하고 성취하는 것이 진정한 성공이다. 이 즐거움이야말로 동기 유발의 가장 큰 요인이다. 그러므로 끊임없이 도전하라. 그것 자체가 스스로에게 보상과 칭찬이 된다.

THE PRINCIPLES OF
SUCESS

제2부

성공하려면 변화하라

성공의 길로 가는 실천 아이디어 12

제1장

결심: 꿈이 없으면 만들어 낸다

변화와 행동을 추구한다 ▶▶▶

꿈은 누구나 가지고 있다. 그러나 대부분의 사람들은 원하는 것이 있고 그것을 이루고 싶다는 생각은 하면서도 행동으로 옮기지 않는다. 지금 살고 있는 현실이 불만이라면 변화를 추구해야 한다. 나쁜 습관과 낡은 행동 방식으로 살아서는 영원히 지금의 생활에서 헤어날 수 없다. 지금의 생활이 만족스럽더라도 오늘보다 나은 내일을 추구하는 게 행복한 인생을 사는 방식이다. 평생을 그렇게 살 수 있다면 성공한 인생이라고 할 수 있다.

성공을 바라는 사람은 많지만 성공하기 위해 행동하는 사람은 많지 않다. 성공하고 싶은 마음이 간절하지 않거나, 이루고 싶은 것이 막연하거나, 새로운 시도를 두려워하거나, 동기 부여의 방법을 모르거나, 한계에 도전하는 방법을 모르기 때문이다. 단조롭게 반복되는 삶이 싫다면, 충실하고 만족스러운 삶을 살고 싶다면, 변화를 주어야 한다. 목표를 세우고 뭔가 이뤄내야 한다. 인생은 변화를 주고 전진하지 않으면 계속 뒤로 밀리며 살게 된다.

꿈이 없다면 꿈을 만든다 ➤➤➤

이뤄보고 싶은 생각이 간절한 일이 있다면 그것이 자신의 꿈이다. 하고 싶은 마음은 있으나 미뤄왔던 일이나 목표가 있다면 그것이 자신의 꿈이다. 지금 가장 절실하게 바라는 일이나 하고 싶은 일 또는 되고 싶은 존재가 있다면 그것이 바로 자신의 꿈이다. 그런 것이 있다면 한번 실현해보자. 없다면 자신의 발전을 위해서 그런 꿈을 만들자.

꿈을 실현하려는 이유는 뭘까. 뭔가를 간절히 원할 때에는 그 이유가 있을 것이다. 그것을 적어보면 자신이 인생을 '왜' 그리고 '어떻게' 살려고 하는지를 알 수 있다. 그것을 알면 실현하고 싶은 의욕이 더욱 강해진다. 실현 동기가 있다면 행동하게 된다. 동기가 확실하면 결단을 내릴 수 있다. 내 꿈은 왜 중요한가, 나에게 어떤 의미가 있는가, 왜 이루어야 하는가, 스스로에게 물어보자. 그 대답을 생각하는 동안 벌써 우리 인생은 더 나은 내일을 향해 달리고 있다.

3가지 질문에 대답한다 ➤➤➤

꿈을 이루기 위해서는 3가지 질문에 대답을 해야 한다. '무엇을 해야 하지?' '왜 해야 하지?' '어떻게 해야 하지?' 이 대답만 갖고 있으면 꿈을 이룰 준비는 다 된 것이나 마찬가지이다. 할 일과 해야 하는 이유와 실행 방법을 알고 있다면 무엇이든 이룰 수 있다. 일단 행동을 개시하면 다음 행동은 더 쉽다.

성공이란 지금 원하는 것을 희생하고 진정으로 원하는 것을 미래에 손에 넣기 위해 노력하는 것이다. 현재의 생활에서 벗어나 더 나은 내일을 살기 위해 달려갈 길을 찾아야 한다. 성공한 사람들은 늘 더 나은 인생을 살기 위해 새로운 방법을 추구했던 사람들이다. 그들은 늘 '무엇을, 왜, 어떻게?'라는 질문을 하고 대답을 스스로 찾았으며 그것을 실행했다.

즐거운 이미지와 연결한다 >>>

새로운 일에 도전하는 것은 즐거운 일이다. 그러나 동시에 불안하기도 하다. 새로운 시도를 하기 위해 지금의 안전한 생활을 포기하고 불안정한 생활을 감수하는 고통이 더 크게 느껴질 수도 있다. 그렇다면 도전은 불가능하다. 아마 더 이상 지금 생활을 참지 못하겠다는 생각이 들 때까지는 변화를 주거나 새로운 시도를 하지 않을 것이다. 고통이 참을 수 없을 정도가 되었을 때 인간은 탈출을 시도한다.

누구나 고통은 되도록 피하려 하고 쾌락은 좇으려는 심리가 강하다. 그러므로 현재를 고통의 이미지와 연결하면 현재 상황에서 탈출하려는 의도가 일어난다. 꿈을 실현하기 위한 행위는 뭐든지 기분 좋은 이미지와 연결하고, 꿈을 실현하는 데에 방해가 되는 행위는 모두 고통스러운 이미지와 연결시키면 성공하기 위해 탈출을 시도할 확률이 매우 높아진다. 자신의 연상 작용을 조절하면 자신의 삶도 조절할 수 있다.

삶을 새롭게 만들 수 있는 것은 '행동'이다. 다른 행동이 다른 결과를 만들어낸다. 자기 인생을 스스로 지배하고 싶으면 행동을 취해야 한다. 행동을 이끄는 것은 생각이다. 단순한 생각이 아니라 굳은 결심이다. 반드시 해내겠다는 결심이 있어야 행동이 이루어진다. 결심은 습관이 될 만큼 자주 할수록 좋다. 결심이 굳게 이뤄지지 않으면 방해 요소가 뭔지 살펴보고 다시 결심한다. 자주 할수록 강도가 점점 높아진다. 매일 결심을 다질 수 있다면 그렇게 하는 것이 효과적이다.

10년 뒤의 결과를 생각한다 ▶▶▶

10년 전에 다른 결심을 했다면 지금 어떤 결과가 생겼을까를 생각해본다. 그 결심 때문에 운동을 하고 담배를 끊고 술을 줄이고 모은 돈으로 마지막 1년 동안 세계 여행을 했다면 지금 어떻게 됐을까. 10년 동안 매일 3시간씩 글을 썼다면 지금 어떻게 됐을까. 10년 전에 아랍어를 배우면서 이슬람 문화에 대해 100권의 책을 읽기로 결심했었다면 지금 어떻게 됐을까. 소름이 돋지 않는가. 굳은 결심이 놀라운 결과를 만들어 낸다.

막연한 결심은 아무 것도 하지 않기로 결심하는 것과 마찬가지이다. 그저 관심을 보이는 정도나 소망하는 정도를 넘어서 반드시 이루겠다고 결심해야 한다. "돈을 좀 모아야겠는데."라든가 "글을 좀 써봤으면 좋겠는데." 정도는 결심이 아니다. 막연한 소망 사항이다. 스스로 그렇게 하겠다는 것보다는 그런 일이 일어나기를 바라고 있는 것이다. 꼭 이루겠다는 굳은 다짐 또는 신념이 필요하다. 결심한 다음에는 선택의 여지가 없다. 결과를 만들어내야 한다.

단호하게 결정한다 >>>

성공의 시작은 결단이다. 성공하기를 진심으로 원한다면 반드시 이루겠다는 굳은 결심을 해야 한다. 결단은 모든 변화의 시작이자 모든 성공과 실패의 원인이다. 성공하겠다는 결단은 실패할 가능성을 생각도 하지 않을 만큼 굳어야 한다. 중요한 일에 시간을 투자하겠다고 결단을 내렸다면 하찮은 일에는 단 일 초도 시간을 낭비하지 않겠다는 의지를 굳힌 것이다. 잘못된 결단을 내릴 수도 있다. 그러나 결단을 내리지 않는 것보다 낫다. 일단 결단하면 행동으로 이어지게 되고 결과가 나온다. 그러나 마음의 결심을 하지 못하면 아무런 결과도 생기지 않는다. 그렇다고 현재 상태를 유지할 수 있는 것도 아니다. 외국어를 배우는 일이나 데이트를 신청하는 일이나 인간관계를 청산하는 일이나 모두 결단이 중요하다. 결단을 내려야 즉시 행동에 돌입할 수 있다.

최적의 마음 상태를 유지한다 >>>

결단은 자기 인생을 자기 뜻에 따라 충실히 살아보겠다는 의지의 표현이다. 꿈을 선택하고 행동을 선택하고 인내를 선택하는 것이 모두 결단이다. 결단은 자신의 감정 상태가 좋을 때 내리는 것이 좋다.

파블로프의 실험에서 보듯이 인간 역시 자극과 반응의 패턴에 따라 행동한다. 그러나 자극이 올 때마다 자기 마음 상태에 따라 사건의 의미를 달리 해석하고, 해석에 따라 달리 반응을 한다. 그러므로 늘 마음을 최적의 상태로 유지하면 최적의 해석과 반응을 이끌어낼 수 있다. 그러므로 행동을 유발하고, 효과적으로 결단하고, 의사 결정을 할 수 있는 평온한 마음 상태를 만들어야 한다.

결단하는 습관을 익힌다 ≫≫➤

결단을 내리면 실천할 방법을 찾기 위해 집중하게 된다. 그러면 보이지 않던 기회와 방법이 보인다. 집중하게 되면 뇌의 기능이 변화를 일으켜 집중하는 대상의 정보가 쉽게 눈에 띈다. 결단을 하면 마음속의 불안과 두려움이 사라진다. 한 번 결단을 내리면 그 다음부터는 쉽게 결단을 내릴 수 있다.

결단하는 습관을 몸에 익힌다. 뭘 하든지 늘 '반드시 해내겠다.'는 결심을 하면서 시작한다. 특히 인생에 큰 변화를 줄 만한 중대한 결단을 시도해보는 것이 좋다. 가령 외국 유학이나 회사 설립 같은 것은 쉽게 결심하기 어렵지만 인생을 바꿀 만한 중대한 결단이다. 어떤 일이 있더라도 꼭 성취를 해서 행복한 삶을 살고 싶다는 생각을 이룰 꿈을 지금부터 구체적으로 생각해보고 결정적인 순간에 결단을 내린다. 실행해볼 만하다는 생각이 들면 종이에 적어 정리한 다음에 반드시 성공하겠다고 자신

에게 다짐한다. 이것이 최초의 씨앗이 된다. 그리고 모든 행동의 원천이
된다.

확신이 없으면 100% 실패한다 ≫≫

실행을 못했다 해도 결심이라도 하는 사람은 낫다. 결심하는 것
조차 핑계를 대고 미루는 사람들이 있다. 그들은 해보지도 않고 '이건 안
돼.' '해봤자야.'라고 명쾌하게 결론을 내린다. 계획은 세워보지도 못하고
사라진다. 해봤자 소용없는 일을 하는 것은 시간 낭비라고 생각하기 때
문이다. 특히 어려운 일을 만나면 시도하기 전에 포기하는 경향이 있다.

미리 주저앉는 태도로는 시도하더라도 실패할 가능성이 거의 100%
다. 그런 사람들은 실패할 경우 꼭 '이럴 줄 알았어.'라고 스스로에게 확
인해준다. 이렇게 하면 자기 암시가 확실하게 되어 다음에도 여전히 실
패하게 된다. 그러나 사실은 '하기 싫다.'라고 말하기 싫으니까 둘러대는
말이다. 그러니 성공할 수 없다.

결심을 방해하는 것은 자신이다 ≫≫

우리는 바쁘다거나 시간이 없다는 말을 입에 달고 다닌다. 하지
만 그 말의 의미는 '하기 싫다'는 뜻이다. 하기 싫다고 말하고 싶을 때 가
장 많이 쓰는 말이 '시간이 없어서.' '나중에.'이다.

시간은 제한적이기 때문에 없을 수도 있다. 그러나 적절히 계획을 조
정해서 우선순위를 정하고 시간을 효율적으로 쓰면 시간 때문에 할 수

없는 일이란 거의 없다. 어느 일이나 우선순위는 조정이 가능하다.

행동하기는 귀찮다는 생각이 들 때는 확실한 결단을 내리지 않는다. 생각을 굴리기만 할 뿐 계획 세우기를 회피한다. '3월 1일부터는 외국어 학원에 다니겠다. 2월20일까지는 등록해야 한다.'라고 스스로에게 약속 하기가 두렵고 귀찮다. 그럴 때는 파기 가능한 약속으로 변경한다.

'3월쯤부터 외국어를 배워볼까? 2월말에 시간을 한번 알아봐야겠다.' 이건 꼭 실행하지 않아도 되는 약속이다. 슬슬 하지, 뭐. 꼭 오늘이 아니 라도 되니까.

막연한 다짐이라는 것도 있다. '금년에는 독서를 좀 많이 해야겠어.' 같은 다짐은 아무 짝에도 쓸모없다. '내일부터는 일찍 일어나야 하는데.' 도 마찬가지다. '일찍'이 언제인가. '이제는 살 좀 빼야겠어.'는 이뤄질 리 가 없다. 목표를 구체적으로 정해야 한다.

힘들고 귀찮다는 생각이 들면 결정을 내리지 않고 지연작전을 쓴다. '괜찮아.'는 판단이 안 설 때 일단 뒤로 미루는 것이다. '아직은...' 운동을 하지 않아도 그런 대로 괜찮다고 하다가 건강을 망친 다음에 후회해도 소용없다.

새로운 시도에는 일정 부분 위험성이 있다. 현상을 유지하려는 태도 는 그 위험을 감당하기 싫기 때문이다. 실패가 두렵다. 그래서 '날 가만 둬! 그냥 이대로 살래!'라고 생각하는 것이다. 가만히 있으면 중간은 간 다는 것이다. 그러나 착각이다.

제2장

확신: 스스로를 100% 믿는다

결단에는 믿음이 필요하다 >>>

　　자신감은 신념에서 나온다. 자신을 믿는 마음이 자신감이다. 필요한 것이 뭔지 알고 신념을 가질 때 자신감이 생긴다. 자신감은 장애물 극복에 가장 훌륭한 도구이다. 하려는 일에 대해 많이 배우고 자신의 능력을 믿는 것이 성공의 기초이다. 자신감이 높아질수록 장애물은 낮게 보인다.

　　사람들은 모두들 자신이 별 볼 일 없는 시시한 인간이라고 생각한다. 과거에도 그랬듯이 앞으로도 비슷하게 살아갈 것이라고 생각하며 살고 있다. 그리하여 현실의 벽을 뚫고 나갈 생각은 감히 하지 못한다. 스스로 최선을 다하거나 모험을 시도하지 못하게 굳은 믿음으로 무장하고 있다.

　　우리 행동을 지배하는 것은 생각이다. 그 생각은 대부분 과거의 경험에 따라 달라진다. 과거의 경험이 잘못되었더라도 인간은 경험에 따라 그것을 굳게 믿는다. 그리고 그 믿음에 따라 본능적으로 행동한다. 그러나 생각이 과거 경험에 따라 달라진다면 그것은 해석의 문제일 뿐이라는 말이다.

오래된 믿음들은 쉽게 바뀌지 않는다. 그러나 한 번 더 생각해보고 반대 입장을 고려해보면 자신이 모르고 있던 부분들이 드러나고 결국 자신이 믿고 있는 것이 관점의 문제라는 걸 알게 된다. 그러면 행동을 변화시킬 수 있는 길이 열린다.

고정 관념은 결단을 방해한다 ▶▶▶

믿음의 힘은 크다. 플라시보 효과는 약물 없이 나타나는 치료 효과를 말한다. 캡슐에 밀가루를 넣은 알약을 설사약이라고 믿고 먹으면 설사가 낫는다. 치료 효과에 차이를 보이는 것은 환자의 믿음 때문이다. 믿음은 우리를 움직이기도 하고 우리는 주저앉히기도 한다.

일반화된 고정 관념들은 사람의 마음을 사로잡고 놓아주지 않는 믿음들이다. '돈은 써야 들어온다.' 또는 '세상이란 아무리 알뜰하게 살아도 달라지는 건 없다.' 같은 생각을 받아들인 사람은 좀처럼 낭비를 막지 못하고 남다른 삶을 살지 못한다. 어떤 생각을 일단 진리라고 받아들이면 포기하기 어렵다. 이런 고정 관념들을 바꾸면 인생이 획기적으로 변한다. 믿음을 조절할 수 있다면 자기 인생을 스스로 지배하고 통제할 수 있게 된다.

이미지 훈련은 믿음을 키운다 ≫≫➤

어떤 믿음을 갖기 위해서는 믿을 만한 이유가 충분한 경험이 여러 차례 쌓이면 된다. 그러면 경험의 법칙에 의해 사실로 받아들인다. 사실이라는 느낌이 확실해지면 강력하게 믿게 된다. 그러나 모든 사람들이 모든 경험을 해볼 수는 없다. 하지만 상상의 반복만으로도 믿음 훈련이 가능하다. 자기 최면 같은 것이다. 운동선수들은 신체 훈련뿐만 아니라 명상이나 이미지 훈련도 많이 한다. 그 이미지가 마음에 새겨지면 몸은 이미지를 따라온다.

그러나 대부분 사람들은 이미지를 상상하면서도 하찮은 면이나 어두운 면을 본다. 그 일을 성취했을 때의 보상이 애매하거나 초라하면 안 된다. 그런 영상을 마음에 떠올려서는 동기 부여가 안 된다. 풍요로운 장면과 화려한 모습을 다채로운 3차원 영상으로 그려야 한다. 분명한 그림을 그릴수록 더 나은 결과를 얻을 수 있다.

성공한 사람들은 대개 비현실적이다. 자신이 최고의 능력을 지닌 사람이라고 생각하고 높은 목표를 설정한다. 장래의 삶은 변하여 점점 더 나아질 것이라고 굳게 믿고 있다. 과감하게 현실의 벽을 뚫고 비현실의 세계로 나아가 그곳을 현실 세계로 만든다. 실패의 두려움을 감수하고 모험을 시도한다. 그들의 미래 이미지는 그렇게 화려하다. 중요한 것은 누구나 그렇게 할 수 있다는 것이다.

믿음을 긍정적으로 바꾼다 ≫≫≻

믿음이 바뀌면 생각의 변화가 시작된다. 과거의 부정적인 믿음을 버리고 싶다면 그것을 고통의 이미지와 연결한다. 그러면 그 믿음을 계속 유지하기가 불편해서 서서히 버리게 된다. 미래에 대한 믿음은 즐거운 이미지와 연결해야 한다. 이것을 반복하면 자연스럽게 자기 안에 즐거운 미래의 영상이 자리 잡게 된다.

믿음에는 의문이 없다. 의문이 생기면 믿음은 허물어지기 시작한다. 자신의 능력을 의심하게 되면 자신에 대한 믿음은 깨진다. "일을 망치지나 않을까?"하는 의문은 자신감을 송두리째 파괴한다. 그 반대로 생각하면 부정적인 고정 관념들을 깨뜨릴 수 있다. 자신의 능력에 대한 부정적인 믿음들을 깰 수 있다.

믿음은 '확신'이어야 한다 ≫≫≻

'생각'은 '믿음'으로 '믿음'은 '더 강한 믿음'으로 변해야 한다. '확신'이 되어야 한다. 단지 믿을 뿐만 아니라 그 믿음이 유지되고 실행되지 않으면 살 수 없다고 생각하는 것이 확신의 단계이다. 어떤 일에서든지 그것을 성공시키기 위해서는 강한 확신을 가져야 한다.

확신은 정서적인 강도가 믿음보다 더 강하기 때문에 오류에 빠질 염려가 없지 않다. 그러나 동기 부여 요인으로서는 효과가 확실하다. 자신이 어떤 문제든 해결할 능력이 있다고 굳게 믿으면 어떤 문제든 적극적으로 해결하려고 할 것이다. 어려움이 닥쳐도 꿋꿋이 견딜 것이다.

경험으로 확신을 굳힌다 ▶▶▶

확신을 가지려면 더 많은 경험 근거를 확보해야 한다. 육식이 몸에 해로우니 채식을 하겠다면 식물성 반찬을 조금 더 챙겨먹는 소극적인 방법을 벗어나야 한다. 채식의 다양한 방법을 알아보고 채식주의자들의 모임에 가서 경험자들의 이야기를 들어본다. 자신의 식탁을 직접 채식으로 마련한다. 이런 과정을 통해 채식에 대한 확신을 굳힌다.

간접 경험만으로 확신을 갖기는 어렵다. 다른 사람의 말을 듣는 것만으로는 안 된다. 직접 경험해보아야 한다. 그래야 확신이 선다. 우리는 다른 사람들의 삶을 사는 것이 아니라 내 삶을 산다. 사람마다 경우가 다르고 환경이 다르기 때문에 다른 사람들에게 옳은 것이 나에게는 옳지 않을 수도 있다.

사고를 긍정적으로 바꾼다 ▶▶▶

우리는 남에게 환영을 받을 만한 행위나 가치 있다고 생각되는 행동은 반복하게 된다. 시간이 지나면 이런 행동들은 특정한 방식으로 굳어진다. 그러면 습관적으로 의사 결정을 하게 되고 기대하는 것 이상을 보지 못하게 된다. 하지만 삶은 수월해진다.

사고방식은 우리 생각과 행동을 지배하는 원칙이다. 그것은 개인들의 확신으로 자리 잡는다. 사고방식에 따라 긍정적인 태도를 가질 수도 있고 부정적인 태도를 가질 수도 있다. 긍정적인 태도는 우리 신념에 긍정적인 영향을 미친다. 사고방식이나 인생관을 긍정적인 방향으로 수정하고 활용해야 성공할 수 있다.

　수전 제퍼스는 〈도전하라 한 번도 실패하지 않은 것처럼〉에서 긍정적인 생각을 날마다 연습해야 한다고 말한다. 날마다 긍정적인 정신을 재충전하지 않고는 아무도 씩씩하게 살아갈 수 없다면서, '잠을 깨면 또 절망할 것이다. 늘 자신에게 선언하라. 긍정적인 현재형 문장으로.'라고 말한다.

　"결과는 생각하지 말고 일단 해보는 게 중요해."라는 생각을 가진 사람은 적극적인 사람이다. 그러나 "안 될지도 모르지만 그냥 한번 해보는 거야."라고 생각한다면 부정적이다. "실패해도 뭔가 얻을 게 있을 테니까 최선을 다해야 해."라고 생각한다면 긍정적이다. 비슷해보여도 받아들이는 태도에 따라 결과는 아주 많이 다르다.

제3장

시간 : 하루는 24시간이 아니다

신체 리듬을 활용한다 >>>

시간을 잘 활용하기 위해서는 자신의 신체 리듬을 알아야 한다. 아침형 인간이 있고 저녁형 인간이 있다. 낮잠을 자는 사람이 있고 밤에 음식을 먹는 사람이 있다. 각각 신체의 리듬이 다르기 때문이다. 자기 리듬을 알아서 거기에 맞추어 속도를 조절해야 효율적으로 일할 수 있다. 아침형 인간은 오전에 집중적으로 일하고 오후에는 가벼운 일을 하는 식으로 조절해야 한다.

자질구레한 일들은 한꺼번에 모아서 한다. 미루면 일이 커지므로 그때그때 해치워버리는 것도 좋은 방법이다. 그러나 그것 때문에 하던 일을 자주 멈추게 되면 일의 속도가 늦어진다. 집중해서 중요한 일을 마친 다음에 자질구레한 일들은 쉬는 시간에 해치운다.

귀찮은 일은 즐겁게 한다 >>>

매일 반복적으로 해야 하는 일은 무척 귀찮다. 그래서 반복적인 일을 할 때에는 시간을 줄이기 위해 급히 해치우는 경우가 대부분이다. 그러면 점점 그 일이 하기 싫어진다. 오히려 천천히 여유를 갖고 하는 것이 좋다. 귀찮게 생각할수록 더욱 귀찮아지고 즐겁게 생각할수록 더욱 즐거워진다.

청소나 쓰레기는 정말 귀찮은 일이다. 그러나 매일 해야 한다. "귀찮아! 지겨워!"하면서 후다닥 청소를 해치우거나 휙 달려가서 쓰레기를 버리는 게 대부분이다. 그것보다는 큰 소리로 노래 부르면서 천천히 청소를 하거나 휘파람 불며 산책 가는 길에 쓰레기까지 처리한다. 어쩔 수 없이 때운다는 식으로 급히 식사를 해치우지 말고 반찬을 잘 차린 다음 음미하면서 씹어 먹는다.

작은 시간을 소중히 쓴다 >>>

우리는 큰 것을 잃으면 아까워하면서도 작은 것에는 별 신경을 안 쓴다. 큰 돈을 잃어버리면 안타까워하고 긴 시간을 낭비하면 아까워한다. 그러나 작은 돈은 허투루 쓰고 자투리 시간은 헛되이 보낸다. 그러고도 아무렇지도 않게 생각한다. 그러나 이런 사소한 것들을 모아 보면 대단한 낭비를 하고 있다는 걸 알게 된다.

자투리 시간은 눈에 잘 띄지 않을 뿐더러 신경도 쓰이지 않아 그냥 흘려보내기 쉽다. 그러나 일과 일 사이에 남아도는 시간들을 모아보면 적은 시간이 아니라는 것을 알 수 있다. 이런 시간을 철저하게 이용하면 하루를 훨씬 알차게 보낼 수 있을 것이다.

하루 10분 정도의 짧은 시간이라도 1년을 모아보면 60시간이 된다. 신문 스크랩을 챙겨본다든가 외국어를 조금씩 공부한다든가 가벼운 요가를 하는 식으로 활용하면 엄청나게 많은 시간을 자신을 위해 쓸 수 있다. 하루 중 자투리 시간이 나는 때를 메모해 책상머리에 붙여둔다. 그 시간에 할 수 있는 일들을 적어두었다가 시간이 날 때마다 실행한다.

시간 낭비를 줄인다 >>>

시간은 컨트롤하기 쉽지 않은 일 중의 하나다. 시간은 멈춰 있는 일이 없기 때문에 머뭇거리다 보면 몇 시간 정도는 금방 지나가버린다. 하루는 누구에게나 24시간이다. 잠자는 시간을 줄이면 활동 시간이 늘어나겠지만 그것도 무작정 늘릴 수는 없다. 할 일은 남아 있는데 시간이 부족하다면 어떻게 하겠는가. 결국 정해진 시간 안에 더 많은 일을 처리하는 수밖에 없다.

핵심은 낭비를 줄이는 것이다. 하루 시간을 어떻게 보냈는지 꼼꼼히 기록해보면 알차게 보내지 못한 시간들이 의외로 많다는 것을 알 수 있다. 중요한 일에 시간을 많이 들이고 중요하지 않은 일에는 시간을 쓰지 않는 것이 요점이다. 일의 우선순위를 따져 가장 중요한 일에 시간을 집중시켜야 한다. 그동안에는 두 번째나 세 번째 일을 과감하게 잊어버린다.

일의 중요도를 지킨다 >>>

아주 급한 일이라도 중요하지 않다면 우선순위에서 제외해야
한다. 급하기 때문에 꼭 해야 할 것 같은 생각이 들지만 시급함과 중요도
는 상관이 없는 가치다. 중요하지 않다면 어차피 시간 낭비. 급한 일이
중요한 것처럼 생각되는 것은 착각이다. 다른 사람의 간청 역시 나의 우
선사항과 관계없으면 과감히 거절해야 한다. 자신에게 중요한 일에 시간
을 집중해야 원하는 것을 이룰 수 있다.

한꺼번에 여러 가지 일을 함께 진행할 수는 없다. 일을 잘하자면 한
번에 한 가지만 하기에도 벅차다. 그러므로 여러 가지 일을 앞에 두고 우
왕좌왕하지 말고 우선순위를 정해 한 가지 일에만 집중한다. 그래야 원
하는 것을 이룰 수 있다. 현재를 충실하게 사는 일은 어렵지 않다. 최선
을 다해 정해진 시간 동안에 중요한 순서대로 일을 처리하면 된다. 그런
순간들을 매일 지속적으로 유지해나가야 한다.

제4장

계획 : 구체적
이어야
달성된다

목표가 애매하면 동기가 약해진다 ▸▸▸

     에너지를 분출시키는 것은 열정이다. 어떤 일에 대해 열정에 사로잡히면 에너지가 솟아오르는 것을 느낀다. 아무런 기대도 없고 하고 싶은 마음도 들지 않을 때는 의욕이 솟아나지 않는다. 마음의 상태에 따라 몸도 변한다. 긴장되기도 하고 의기소침해지기도 한다.

     목표가 애매할 때에는 동기가 약해진다. 할 일이 너무 많으면 에너지가 분산된다. 시간이 남아돌아 빈둥거리면 에너지가 집중되지 않는다. 열정을 쏟을 방향이나 대상을 찾으면 더 많은 에너지가 솟아나게 된다. 그러므로 목표를 정확히 설정하는 것이 중요하다.

전체 목표는 웅대하게 세운다 ▶▶▶

목표는 삶에 동기를 부여해준다. 목표가 클수록 더 큰 에너지를 끌어낼 수 있다. 그러므로 목표는 자신을 흥분시킬 만큼 크고 도전적인 것이어야 한다. 자신의 무한한 잠재 능력을 끌어내기 위해서는 도전 정신을 자극할 만한 수준의 목표여야 한다. 당장에는 불가능해보이더라도 동기 부여가 되면 달성 가능하다.

목표 설정은 성공의 첫 단계이다. 보이지 않는 꿈을 현실로 보여준다. 목표 설정이 끝나면 구체적인 계획을 만들고 행동으로 옮겨야 한다. 행동을 이끌어내는 데는 동기 부여가 중요하다. 그러나 대부분 행동을 지속적으로 실행하지 못하는 이유는 계속 동기 부여를 하지 못하기 때문이다. 동기 부여는 늘 계속되어야 한다. 단 한 번으로는 부족하다.

끊임없이 방법을 개선해가면서 멈추지 말아야 성공할 수 있다. 이때에 적절한 압박감이나 스트레스는 좋은 자극제가 된다. 좀 더 나은 결과를 얻기 위해 분발하게 만드는 채찍이 된다. 중요한 것은 결과가 아니라 과정이다. 과정이 좋아야 결과가 좋다. 그러므로 방향이 올바르면 성공의 가능성이 높다.

지도는 단순 명료해야 한다 ▶▶▶

목적지를 모른다면 그곳에 갈 수 없다. 성공하려면 목표를 세우고 실행해야 한다. 계획을 세우는 일은 목적지에 도착할 수 있는 지도를 만드는 일이다. 막연한 꿈과 희망은 실현되지 않는다. 지도를 보고 길을 떠나듯이 계획이 세워졌을 때 우리는 비로소 실행할 수 있다. 구체적인 계획이 세워지면 집중력과 일관성을 유지할 수 있다.

목적지에 우리를 데려다주는 것은 한 번에 한 걸음씩 내딛는 작은 실천이다. 꿈을 현실로 만드는 것은 작은 발걸음이다. 지도를 복잡하게 만들면 안 된다. 간단하고 단순하게 만들어야 한다. 실천 계획은 단순할수록 좋다. 장기 목표를 되도록 잘게 쪼개면 단기 목표를 단계적으로 설정할 수 있다.

현실적이고 구체적이어야 한다 >>>

결심을 했더라도 목표를 향해 방향을 정확히 설정하는 일이 중요하다. 흘러가다 보면 어딘가에 닿겠지 하는 심정으로 강물에 뛰어들면 안 된다. 방향이 없으면 예상치 못한 난관을 만났을 때 더 이상 전진을 하지 못하게 된다. 속도나 코스를 자신이 결정할 수 없기 때문이다. 이래서는 목표를 이룰 수 없다. 중간에 위기가 닥쳐도 스스로 방향을 수정할 수 있어야 한다. 그러기 위해서는 목적지가 정해져 있어야 한다.

목표는 현실적이어야 하고 구체적이어야 하고 기간이 분명해야 한다. 자신의 능력에 비추어보아 가능성이 있는 목표여야 실현이 가능하다. 전체 목표는 크게 잡더라도 부담이 가지 않은 중간 단계를 설정하여 점진적으로 달성하도록 한다.

어떤 일이든 일시에 이뤄지는 일은 드물다. 작은 단위로 나누면 심리적인 부담감이 적어진다. 하나씩 이뤄나가면 성취감도 높아진다. 매일 조금씩 규칙적으로 하는 것이 대단히 중요하다. 그러면 습관으로 굳어져서 계획한 대로 쉽게 이룰 수 있다. 지속적으로 노력하는 것이 성공의 비결이다.

목표는 실행 가능해야 한다 »»

우선순위에 따라 중요도를 정하고 자신의 능력으로 할 수 있는 정도만 달성하기로 결정하고 노력한다. 매일 달성해야 할 일들을 너무 벅차게 설정하면 안 된다. 매일 목표가 이뤄지지 않으면 전체 목표들이 모두 허사가 되기 때문이다.

매일의 목표가 작더라도 장기적 안목으로 전체 계획을 세우면 얼마든지 큰 목표를 달성할 수 있다. 큰 목표는 가능한 한 크게 설정하는 게 좋다. 그래야 얻는 것도 크다. 작은 목표일수록 더욱 구체적이고 실질적이어야 한다.

계획을 세울 때에 실패할지 모른다는 생각을 하면 안 된다. 반드시 이뤄진다는 생각, 반드시 이루겠다는 생각으로 계획을 세우고 실천해야 한다. 안 된다는 생각은 아예 지워버려야 한다. 실천하면서도 일을 즐기는 자세가 중요하다. 어떤 일에서나 긍정적인 자세가 중요하다.

수량이 제시되어야 한다 »»

어떤 세일즈맨이 막연하게 더 많이 팔겠다고 덤비면 실패한다. 어떤 학생이 막연하게 공부를 더 많이 하겠다고 덤비면 실패한다. 정확하게 숫자로 목표를 정해야 한다. 그리고 그것을 달성할 날짜를 정해야 한다. 그러면 하루에 어느 정도 성과를 올려야 할지 결정된다. 당장에 해결해야 할 일의 양이 구체적인 수량으로 제시되는 것이다. 그러면 금방 행동에 돌입할 수 있다. 막연한 생각만으로는 동기 유발이 안 된다. 동기 유발이 안 되면 포기하기 쉽다.

소원과 목표는 다르다. 소원은 막연하게 그렇게 되었으면 좋겠다는 소망 사항일 뿐이다. 목표는 정확한 행동 지침이다. "오늘 100페이지 정도 읽고 싶다."는 막연한 생각이지만 "오늘 2시까지 100페이지를 읽겠다."는 당장 어떻게 해야 할지를 알려준다. 목표를 설정하고 반드시 이루겠다고 마음먹으면 구체적으로 해야 할 일이 생각나고 즉시 실행할 일이 생긴다. 시작 단계는 사소할수록 쉽게 실행할 수 있기 때문에 좋다. 너무 벅찬 과제는 문제를 일으킨다.

반드시 기한을 정한다 ▶▶▶

결단을 해야 위험을 감수하고 행동할 수 있다. 행동에 나서야 성공할 수 있다. 우선은 마음속으로 굳은 다짐을 하는 것이 중요하다. 그러나 결단을 내려놓고도 실패하는 사람들이 많다. 결단을 내리고 계획을 세운 다음에 실천하지 않는 사람들이 있다. 그들은 늘 '곧 할 거야.'라는 말을 입에 달고 다닌다.

실행을 하지만 조금 하다가 손을 놔버리는 사람들도 있다. 이들 역시 '곧 다시 할 거야.'라고 늘 다짐한다. 이것은 하겠다는 것이 아니라 하기 싫어서 미적거리는 것이다. 그만둘 핑계를 찾을 때까지 할 것이라는 말만 계속할 뿐이다. 이들은 대개 시도가 실패하면 다시 노력해보는 것이 아니라 잘됐다는 듯이 그냥 포기해버린다.

계획의 윤곽만 잡혀 있을 뿐 실행 사항들이 구체적이지 않으면 실행되지 않는다. 큰 계획은 윤곽만 잡혀 있을 수 있다. 그러나 세부 계획이 단계별로 구체적으로 세워져야 실행이 가능하다. 예를 들면, 건강한 식생활, 업무 충실, 가족과 시간 보내기, 다이어트, 운동, 재테크 같은 목표들은 막연한 계획이다. 이 정도면 윤곽도 잡히지 않은 상태다. 구체적 행동과 수량이 제시되지 않으면 결코 실행되지 않는다. 모호한 계획은 실행될 수 없다.

계획이 아무리 구체적이어도 달성 기한이 정해져 있지 않은 계획은 실패할 가능성이 크다. 언제부터 시작해서 언제까지 끝낸다는 것이 정해져 있지 않았다는 것은 달성할 의지가 없다는 뜻이다. 당장 시작하지 않아도 괜찮고 끝을 보지 않아도 상관없다. 이런 계획은 대체로 실패한다.

많은 것을 계획하지 않는다 ▶▶▶

한꺼번에 너무 많은 것을 계획하면 실행되지 않는다. 계획은 단계별로 나누어 하나씩 이루면서 앞으로 나아가는 것이 효율적이다. 뭔가 보여주겠다고 여러 가지를 동시에 밀어붙였다가는 한 가지도 달성하지 못하고 그만두게 된다. 너무 많은 것을 계획하면 아무리 분명하고 구체적인 목표라고 해도 달성할 수 없다. 목표를 너무 높게 잡는 것도 마찬가지이다. 단계별로 목표 수준을 높여가야 한다.

새로운 시도를 하고 변화를 추구하는 과정에서 우리는 즐거움을 느끼고 성장하게 된다. 중요한 것은 성공 자체가 아니다. 무리한 시도를 하게 되면 성공했을 경우 달성의 즐거움은 크겠지만 과정의 즐거움을 얻지 못할 염려가 크다. 그러므로 언제나 즐기면서 할 수 있고 실행 가능한 시도를 하는 것이 좋다.

눈높이에 맞게 도전한다 ▶▶▶

두려움을 극복하는 가장 좋은 방법은 직접 부딪치는 것이다. 피하기만 하면 자신감을 회복할 수 없다. 실제로 부딪쳐보면 두려움이 생각했던 것보다 크지 않다는 걸 알게 된다. 두려움이 상상 속에서만 부풀려졌을 수도 있고 부딪치기로 마음먹는 순간 사라지는 수도 있다. 어쨌든 두려움이란 실제로 겪어보면 생각보다 그리 강하지 않다.

실패에 대한 두려움은 행동을 방해한다. 그러나 최선의 결정을 했다면 실패했다고 해도 손실이 아니다. 실패에서 교훈을 얻으면 된다. 다음에 더 잘할 수 있으므로. 실패도 발전의 한 과정이고 전진의 한 걸음이다. 인생에 실패란 없다. 성공한 사람들은 의외로 실패를 많이 해본 사람들이다. 그들은 실패를 통해 더 좋은 결정을 할 수 있게 된 사람들이다. 실패가 성공 훈련이 되어 결국 성공에 다다른 셈이다.

매일 목표에 대해 생각한다 >>>

　　자신이 원하는 일의 리스트를 작성한 뒤, 할 수 있는 일과 할 수 없는 일, 버릴 일과 취할 일을 적어놓고 10년 정도는 지속적으로 그것들을 추진할 생각을 가져야 한다. 목표 달성을 위해 정신적, 신체적, 물질적으로 필요한 일들을 한눈에 파악할 수 있도록 정리해 놓아야 한다. 그런 다음 당장 할 수 있는 일과 중장기적으로 할 일들을 정리해 놓아야 한다.

　목표를 늘 생각하고 살아야 한다. 성공을 위한 필생의 목표란 생각나면 가끔 떠올려도 괜찮은 것이 아니다. 최소한 하루에 한두 번씩은 목표에 대해 생각하고, 목표를 달성하기 위해 해야 할 일들을 생각해야 한다. 그러면 이루어질 수 있다는 생각이 자리 잡는다. 이 확신이 행동을 이끌어낸다.

결과보다는 과정이 중요하다 >>>

　　목표 달성은 그것이 완수되면 끝나는 행위가 아니다. 결과보다는 목표를 향해 집중하는 과정에서 우리는 더 행복을 느낀다. 스스로가 성장하고 있다는 걸 느낄 수 있기 때문이다. 스스로 변화하면서 더 나은 사람이 되어가는 과정이 즐거운 것이다. 결과는 그 과정에서 생기는 열매일 뿐이다.

　매일, 매주, 매달, 매년 달성해야 할 목표가 있어야 한다. 쉬지 않고 단기적인 작은 목표들을 달성하기 위해 늘 행동해야 한다. 매일 노력하지 않고는 이뤄지지 않는다. 작은 목표들이 달성될 때마다 더 높은 목표를 세워야 한다.

성공한 사람들은 돈, 명예, 지위를 말하지 않는다. 가치관, 창의력, 즐거움을 말한다. 돈이 중요하다는 걸 모르는 사람은 없다. 그러나 돈은 성공에 따른 부산물일 뿐이다. 성공의 진정한 열쇠는 자신의 이익뿐만 아니라 다른 사람의 이익에도 도움이 되는 것이다. 물론 갖출 것 다 갖춘 자들의 배부른 소리로 들릴지 모른다. 그러나 돈, 명예, 지위보다 더 큰 것들을 얻을 수 있다는 것만은 잊지 말고 기억해둬야 한다.

한 가지 일에 집중한다 ▶▶▶

집중되지 않을 때는 일의 우선순위를 정해 하나씩 처리하는 것이 효과적이다. 중요하지 않은 일은 잠시 미뤄두고 우선 중요한 일에 집중적으로 노력을 투자해 처리한다. 할 일의 목록은 수시로 수정해서 장단기 목표가 서로 맞아 들어가야 한다. 특정한 목적을 수행하기 위해서는 한 분야에 집중적으로 에너지를 투입할 필요가 있다.

성공 시나리오를 마음속에 그려보는 이미지 훈련은 성공한 사람들이 많이 쓰는 방법이다. 명상도 이미지 훈련의 하나다. 몸은 마음을 따라가게 되어 있다. 자주 이미지 훈련을 하면 마음속에 입력되어 몸이 자연적으로 그 방향으로 향하게 된다. 이미지 훈련이나 명상은 집중하는 데에도 효과적이다.

지도를 수시로 수정한다 >>>

　　목표를 향해 가다보면 돌발 상황이 많이 나타난다. 끊임없이 상황에 대처해야 한다. 가려던 길이 끊겼을 수도 있고 더 좋은 길을 발견할 수도 있다. 그때마다 지도를 수정하고 방향을 다시 잡아야 한다. 그러다 보면 좋은 경치를 만나는 수도 있고 지름길을 발견하는 수도 있고 생각했던 것보다 좋은 다른 목표에 도달하는 수도 있다.

　포기하면 목표에 다다를 수 없다. 포기하지 않으면 언젠가는 목표에 도달할 수 있다. 시간 문제일 뿐이다. 대개의 사람들은 장애물에 부딪치면 주저앉아버린다. 그것이 끝이라고 생각하고 노력을 중지하고 계획을 포기한다. 그러나 실패는 끝이 아니다. 다른 길을 찾아보아야 한다. 다른 사람에게 조언을 구하고, 실천 목록을 새로 작성하고, 당장 할 수 있는 일을 시작한다. 그러다보면 새로운 길을 찾을 수 있을 것이다.

　실패의 순간 모든 것을 접어버리지 말고 지금 가능한 일이 무엇인지 찾아보아야 한다. 지도를 얻었다고 여행이 끝난 것은 아니다. 자기 발로 길을 걸어야 비로소 여행이 시작된다. 행동에 돌입하기 전까지는 그저 꿈이자 계획일 뿐이다.

1년 달성 목표를 정한다 >>>

　　분명한 목표가 정해지면 자신이 이루고 싶은 결과를 얻기 위해 필요한 가장 중요한 목표는 무엇이며 앞으로 1년 동안에 달성하고 싶은 단기 목표는 무엇인가 정해야 한다. 예를 들어 건강이 목표라면 몸무게

10% 감량, 마라톤 완주, 헬스, 자전거 등이 구체적인 목표가 될 수 있다. 경제가 목표라면 10억 벌기, 밀린 빚 갚기, 더 큰 아파트 구입하기 등이 될 수 있다.

명확한 목표를 지속적으로 유지하기 위해 자신이 살아가고 싶은 이상적인 하루, 이상적인 1년을 구체적으로 머릿속에 그려본다. 행동의 결과까지 미리 예측해본다. 그런 결과를 얻었을 때의 감정이 어떨지 생각해본다. 시간 관리 능력을 향상시키기 위해 일주일 단위의 계획을 세우고 그것을 달성한다. 매일 일기장에 그날 하루 계획과 달성 여부를 기록하고 더 나은 실행 방법을 생각해본다. 일주일이 지나면 주말 결산 평가를 하면서 목표 달성 성과와 속도를 조절한다.

제5장

변화·바꿀 수
있는 것은
다 바꾼다

변화를 스스로 선택한다 ▶▶▶

　　자신의 삶을 업그레이드하고 싶다면 삶에 변화를 주어야 한다. 변화하기 위해서는 자신이 자기 인생의 주인이 되어 어떤 일이든지 스스로 선택해서 실행하고 결과에 책임을 져야 한다. 그러나 대부분의 사람들은 선택과 새로운 시도와 책임의 두려움 때문에 변화하지 못한다. 익숙한 것이 편하기 때문에 늘 하던 대로만 하려고 한다.

　　새로 시작하는 일은 두렵다. 손해를 보지 않을까, 실패하지 않을까, 주저하게 된다. 그러나 변화하지 않으면 더 큰 손해와 더 큰 실패를 당하게 된다. 늘 현재 상황에서 벗어나 한 단계 진화하려고 노력해야 한다. 변화는 성공하려는 사람만 하는 것이 아니다. 인간은 누구나 변화하면서 살아가야 한다. 세상이 끊임없이 변하고 있기 때문이다.

우리의 현재보다 미래는 더 나은 세상이어야 한다. 성공은 개인의 풍요로움을 위한 행위가 아니다. 총체적으로 더 나은 미래를 만들어가는 작업이다. 미래는 현재보다 더 좋은 세상일 수밖에 없지만 그렇다고 노력하지 않고 거저 얻을 수 있는 세상은 아니다. 새로운 변화를 시도하여 거듭 태어나야 한다. 변화를 기꺼이 수용해야 성공할 수 있다.

변화를 늘 다짐해야 한다 >>>

성공은 과정이지 목적이 아니다. 진정한 행복은 도달 지점에서 얻는 게 아니라 과정에서 얻는다. 성공을 향해 가는 과정에서 스스로 감동하고 다른 사람에게도 감동을 줄 수 있는 삶이라면 성공한 것이다. 이런 삶이 진정한 삶이다. 그러므로 반드시 꿈을 실현하겠다고 다짐해야 한다. 무엇이든지 가능하다고 확신하면 얻을 수 있다. 그것이 무엇인지는 자신밖에 모른다.

일단 결심을 했다면 모든 것을 목표 중심으로 바꿔야 한다. 버릴 것은 버리고 세울 것은 세운다. 목표를 이루기 위한 행동 이외의 것은 모두 버린다. 담배나 술을 끊겠다면 끊는 것이다. 다른 선택의 여지를 두지 말아야 한다. 모든 것을 목표를 향해 집중시킨다. 하루의 생활도 그 행동 기준에 따른다. 그러면 생활이 일시에 변한다. 그렇게 10년이 지난다면 못 이룰 일이 없다. 대충해서는 되는 일이 없다. 세상은 그렇게 만만하지 않을 뿐더러 다른 사람들도 그 정도는 다들 하니까.

버리고 싶은 것들을 결정한다 ▸▸▸

우리에게는 하고 싶었지만 하지 못했던 일들을 많다. 그런 일들의 리스트를 만들어 미루었던 이유를 적어본다. 그러면 고통스러운 기억 때문에 실행하기 두려워 미뤄왔던 일이 많다는 것을 알 수 있다. 술 마시는 일처럼 몸에 좋지 않은 일인데도 지속하고 있는 것들은 사실은 자신에게 즐거움을 주는 일들이다. 그래서 그만두지 못한다.

즐거움과 고통은 행동을 통제하는 중요한 메커니즘들이다. 어떤 일이 나에게 미칠 끔찍한 결과를 그 일과 연결해서 기억해두면 그 행동을 자연히 멀리하게 된다. 그 일 대신에 새롭게 해야 할 행동의 결과를 즐거운 느낌과 연결해서 기억해두면 그 행동을 적극적으로 하게 된다.

텔레비전을 볼 시간에 운동을 열심히 해서 체중 조절을 한다든지, 술과 담배를 끊고 그 시간에 독서를 한다든지 하는 일들이 모두 고통/즐거움의 느낌과 연결되어야 한다. 자신이 과체중이라면 기름진 음식이 먹고 싶더라도 최악의 결과를 생각해보고 그 느낌을 반복하여 새겨둔다.

술과 담배를 계속 즐기다가는 그 결과가 어떻게 될지를 생각해보고, 그 대신 새롭게 해야 할 일을 생각해본다. 책을 읽지 않았다가는 그 결과가 어떻게 될지를 생각해보고, 새롭게 해야 할 일을 생각해본다.

변화를 습관으로 만든다 ▸▸▸

어떤 변화든 스스로 변하겠다는 결심을 하지 않는 한 일어나지 않는다. 인생을 변화시키는 데에는 시간이 많이 걸릴 거라고 우리는 생각한다. 노력해도 쉽게 이뤄지지 않는 것이 '변화'다. 하지만 그것은 방법을 모르기 때문이다. 변화는 의지만으로는 불가능하다.

변화가 일어나기 시작하면 변화된 행동이 습관으로 정착될 수 있게 강화시켜야 한다. 변화를 지속시키기 위해 계속 같은 조건을 유지시켜주어야 한다. 어떤 일이든지 단번에 모든 것이 완료되지 않는다. 관성의 법칙은 정신에도 적용된다. 습관이 될 때까지는 관리가 필요하다.

'바꾸는 게 좋겠다'는 정도로는 결심이 약하다. '반드시 바꿔야 한다'고 굳게 결심해야 한다. '운동을 좀 해야겠어.'가 아니라 '내일부터는 반드시 운동을 하겠다.'가 되어야 한다. 굳은 다짐이 필요하다.

변화는 스스로 해야 한다. 누가 대신 해줄 수 없다. 도움을 받을 수는 있다. 그러나 주체는 자신이라는 사실을 잊지 말아야 한다. 그러므로 변화에 대해 스스로 책임을 져야 한다. 변화할 수 있다는 믿음이 없으면 변화할 수 없다.

변화가 반복 행위를 통해 두뇌에 각인되면 습관이 된다. 습관이 되면 버리기 힘들다. 어떤 감정이나 행동이 반복되면 습관이 된다. 반대로 어떤 감정이나 행동을 계속 자제하면 두뇌에 각인된 습관이 지워진다. 인간의 모든 감정과 행동은 사용할수록 강화되고 사용하지 않을수록 약화된다. 용기도 결단도 사랑도 마찬가지이다.

강렬한 느낌과 연결한다 ▶▶▶

우리가 쉽게 변화하지 못하는 이유는 스스로 변화를 거부하기 때문이다. 변화는 능력의 문제가 아니라 동기의 문제이다. 우리가 변화하지 못하는 이유는 변했으면 좋겠다는 정도의 바람을 갖고 있을 따름이지 반드시 변해야겠다는 절박한 심정이 아니기 때문이다.

지금 당장 변할 수 있는 방법은 그것을 강렬하게 원해야 한다. 당장에 하지 않고는 견딜 수 없을 정도로 강렬해야 한다. 그 정도의 강력한 동기 부여는 상당히 강한 고통의 자극을 받아야 가능하다. 변화에 실패했다면 고통의 강도가 그리 크지 않아 변화 욕구가 그리 강하지 않았기 때문이다.

효과적으로 행동을 바꾸는 방법은 과거 행동을 괴로운 고통의 느낌과 연결시키는 것이다. 우리는 고통을 느끼면 어떻게든 거기서 벗어나려고 한다. 원하는 것이 즐거운 느낌과 연결되면 더 빠르게 이뤄진다.

변화의 가장 큰 동기는 고통이다. 자신이 기준에도 미치지 못하는 비천한 삶을 살고 있다는 사실을 깨달았다면 극도로 고통을 느끼게 된다. 그 고통이 클수록 벗어나려는 심리적 압박이 커진다. 그러나 변하는 것이 변하지 않는 것보다 고통스러우면 변하지 않게 된다. 그러므로 변하지 않는 것이 참을 수 없는 고통이 되어야 한다.

고통을 극대화하기 위해서는 최악의 경우를 상상하여 변화하지 않은 결과를 고통스러운 느낌과 연결해야 한다. 특히 사랑하는 사람들이나 자녀들에게 미칠 나쁜 영향을 생각하면 변화해야겠다는 동기가 더욱 강해진다. 그런 다음에 새로운 행동의 결과를 즐거움과 연결시키면 당장에 하고 싶은 생각이 든다.

맥스웰 몰츠의 〈사이코사이버네틱스의 원리〉에 의하면 내 안의 수많은 이미지, 느낌, 기억을 다른 이미지, 느낌, 기억으로 대체해서 생각의 방식을 완전히 바꾸면 변화할 수 있다. 나쁜 기억은 새로운 이미지와 연결시키는 것만으로도 변화가 가능하다. 안 좋은 기억이 떠오를 때마다 기분 좋은 노래를 부르거나 아름다운 그림을 떠올리게 되면 그 기억이 떠오를 때마다 감정이 이전과는 다르게 될 것이다. 안 좋은 기억이 떠오를 때마다 새로운 이미지가 떠오를 것이다.

행동의 결과를 경험한다 ▶▶▶

행동의 결과를 경험해보기 전에는 가치관이나 태도를 바꾸기 어렵다. 하지만 일단 행동이 시작되는 것만으로도 생각이 변한다. 그러므로 실행은 대단히 가치 있는 일이다. 새로운 일을 경험할 때마다 우리는 긴장하고 두려움에 싸인다. 순간적으로 당황하며 갈등한다. 그리고 행동을 멈칫하게 된다. 하지만 과감하게 실행하면 느낌이나 기분이 전혀 달라진다는 것을 알게 된다.

어떤 치유 방식에는 '소원이 이루어진 것처럼 행동하면 치유된다.'는 방법이 있다. 개를 싫어하지만 사랑하는 것처럼 행동하면 개가 좋아진다. 우승한 운동선수처럼 행동하면 실제로 우승하게 된다. 생각을 과감하게 행동으로 옮기면 관점과 태도가 변하여 놀라운 결과를 낳게 된다.

변화된 내 모습을 생각하고 실제로 그처럼 행동하게 되면 그렇게 될 가능성이 많아진다. 평소에 이미지 훈련을 통해 자신의 이상적인 모습을 마음속에 확실하게 저장해놓으면 원하는 것을 이루는 데에 훨씬 효과적이다.

무의식을 활용한다 ▶▶▶

뇌는 언제나 문제 해결에 초점을 맞추고 있다. 생각나지 않았던 이름이 며칠 뒤에 문득 떠오르는 것은 우리가 생각을 하지 않고 있는 동안에도 뇌가 끊임없이 일을 하고 있었다는 증거다. 뇌는 경험해보지 않은 문제의 해답까지도 생각해낸다. 예측과 추리 기능이 있기 때문이다. 우리 생각이 실현되는 것은 뇌의 엄청난 능력 때문이다. 이룰 수 있다는 신념을 가지고 깊이 생각하면 뇌는 우리가 모르는 사이에 끊임없이 일을 해서 뭔가를 이뤄놓을 것이다.

운동선수들이나 연기자들은 이미지 훈련을 한다. 미리 머릿속에 자신이 해야 할 동작들을 그려보는 것이다. 이는 잠재의식을 일깨우려는 훈련이다. 그것이 확실하게 머릿속에 그려지면 실재 경기나 연기를 할 때에 자기도 모르는 사이에 숨은 능력이 발휘된다.

자신이 없더라도 자신감 있는 것처럼 행동하면 자신감이 생긴다. 잃었던 자제력도 다시 찾을 수 있다. 이상형의 인물을 마음속에 그려보면 자신도 모르는 사이에 그 사람처럼 변해간다. 말과 행동을 바꾸면 세상을 보는 관점과 태도도 바뀐다.

제6장

습관을 고친다는 것은 혁명이다 ▶▶▶

삶은 습관의 연속이다. 습관적으로 처리되지 않은 일은 거의 없
다. 좋은 습관은 인생에 도움이 되지만 나쁜 습관은 인생을 망치기도 한
다. 습관은 오랜 세월에 걸쳐서 마음속에 입력되어 몸에 익은 행동 방식
이다. 근육까지도 기억하고 있기 때문에 쉽게 고쳐지지 않는다. 나쁜 습
관 때문에 인생을 힘들게 살면서도 그것을 고치려는 사람은 드물다. 뭐,
난 원래 그런 인간이니까, 하면서 그러려니 하고 살아간다.

습관은 고치기 힘들다. 각오를 하고 매일 노력하지 않으면 안 된다.
습관을 고친다는 것은 일종의 생활 혁명이나 마찬가지다. 나쁜 습관은
한꺼번에 자를 수도 있고 매일 조금씩 고쳐나갈 수도 있다. 어쨌든 습관
을 고치면 성공을 절반은 달성한 것이나 다름없다.

새로운 결과를 원하면서 행동을 전처럼 한다면 같은 재료를 넣으면서 다른 제품이 나오기를 원하는 것과 같다. 변화하기를 원하면서도 버려야 할 행동을 계속한다면 삶은 변하지 않는다. 과거의 습관을 반복한다면 과거의 결과를 얻게 될 것이다.

습관이 미래를 결정한다 >>>

인간은 습관의 동물이다. 습관이 나의 미래를 결정한다. 습관은 어디에서나 동일하게 나타나는 나의 행동 양식이다. 나쁜 습관을 구별해서 제거해야 한다. 변화는 그때부터 시작된다.

삶에서 저절로 되는 일은 없다. 삶은 습관의 연속이지만 선택과 행동의 연속이기도 하다. 만약 나쁜 습관에 물들어 나쁜 선택을 한다면 끔찍한 운명을 맞을 수밖에 없다. 어쨌든 인생은 나의 선택에 달려 있다.

성공하고 싶으면 습관의 힘을 알아야 한다. 습관이 나의 미래를 깨기 전에 내가 습관을 먼저 깨버려야 한다. 그리고 성공을 위한 습관을 길러야 한다. 그러기 위해서는 훈련이 필요하다. 습관을 만드는 것은 훈련이라는 사실을 알아야 한다.

지속 가능성이 성공의 경계선이다 >>>

습관이란 자주 하다 보니 몸에 밴 행동이다. 지속적으로 반복되는 행동 양식이다. 새로운 행동도 자주 반복하다보면 자연스럽게 습관이 된다. 그러므로 어떤 습관을 고치고 싶다면 그 행동을 자세히 관찰해보면 된다. 그러면 해답이 보이는 경우가 대부분이다.

경제적인 어려움에서 탈출하고 싶으면 먼저 자신의 돈과 관련된 습관을 살펴보면 된다. 절약도 저축도 투자도 전혀 실행하고 있지 않다면 문제가 있다. '지속적'으로 저축하고 있다면 긍정적이다. 절약과 저축이 습관이 되어 있느냐 없느냐에 큰 차이가 있다. 지속적이지 않다면 그리 긍정적이지 않다. 이것만으로도 어떤 행동을 자제하고 어떤 행동을 새로 시도해야 할지 알 수 있다.

변덕스러운 행동은 상황을 바꾸지는 못한다. 지속적이라는 말은 그것이 습관이 되어야 한다는 말이다. 예외가 없다는 말이다. 지속하느냐 못하느냐가 있는 자와 없는 자를 가르는 경계선이다. 습관은 삶의 질을 결정한다.

습관의 결과는 반드시 자신에게 다시 돌아온다. 특정한 방식의 행동을 계속한다면 결과는 예측 가능하다. 부정적인 습관은 부정적인 결과를 가져온다. 긍정적인 습관은 긍정적인 결과를 가져다준다. 삶이란 그런 것이다.

건강한 습관을 유지하는 사람은 건강하게 오래 산다. 건강하지 못한 습관을 버리지 못하고 지속하는 사람은 오래 살지 못하고 빨리 죽거나 병든 채로 살아간다. 미래의 결과를 생각하지 않고 순간의 쾌락을 즐기려고 한다면 결과는 뻔하다. 돈을 다루는 나쁜 습관을 버리지 않는다면 평생 곤궁하게 살아갈 것이다.

한 달 반복하면 습관이 된다 »»»

좋은 행동을 습관으로 만들면 성공할 수 있다. 나쁜 습관을 버리면 성공할 수 있다. 그러나 습관은 저항성이 강하다. 변화를 꾀하거나 새로운 시도를 할 때는 새로운 방법이 필요하다. 이때 새로운 방법에 강하게 저항하는 것이 습관이다. 대부분의 사람은 습관대로 행동하다가 실패하는 경우가 많다.

새로운 습관을 만들고 싶다면 같은 행동을 반복해야 한다. 그러나 습관처럼 편하고 익숙하고 안락한 방법은 없다. 우리 몸은 과거의 방식으로 돌아가려고 온갖 핑계를 댄다. 경험자들의 말을 빌리면 한 행동이 습관이 되는 데에는 한 달 정도 걸린다고 한다. 사소한 것은 그럴지 몰라도 긍정적인 태도 같은 것들은 한참 더 시간이 걸릴 것이다.

습관을 고치는 것도 목표를 세우면 된다. 리스트를 만들어 놓고 하나씩 고쳐나가는 것이다. 우선 나쁜 습관을 찾아낸다. 나쁜 습관은 대부분 그리 나빠 보이지 않는다는 데에 문제가 있다. 하루에 담배 한두 대, 술한두 잔 정도야 그리 큰 문제는 아니다. 하지만 10년이나 20년 계속된다거나 점점 양이 는다면 결과가 달라진다. 나쁜 습관 때문에 생길 미래의 결과를 진심으로 걱정해야 한다.

지속적으로 노력하면 몇 년 만에 수십 개의 나쁜 습관들을 고칠 수 있다. 나쁜 습관을 고치면 그것이 좋은 습관이 된다. 그렇지 않은 경우에는 그것을 대체할 좋은 습관을 만들어 그 공백을 메워야 한다. 그러면 삶은 긍정적으로 변하고 우리는 확실히 성공할 수 있다.

일상 행동의 90%는 습관이다 ≫≫➤

일상은 일정한 틀 속에서 돌아간다. 아침에 일어나서 밤에 잠자리에 들 때까지 습관적으로 하지 않는 행동은 거의 없다. 수많은 행동들을 습관적으로 하고 있는 것이다. 이런 행동들은 일의 결과와 직접적인 관계를 갖고 있다. 이것을 고쳐나가면 더 질 높은 삶을 살 수 있다. 삶의 수준을 점진적으로 향상시킬 수 있다. 고치지 않는다면 변할 것은 아무 것도 없다. 그러므로 나쁜 습관을 찾아내어 고쳐나가야 한다.

성공한 사람들의 습관이나 행동 방식을 알 수 있다면 모방해보는 것도 좋은 방법이다. 그런 사람들을 만나는 게 쉽지 않을 것이기 때문에 그들이 쓴 책을 보고 배우는 것이 좋다. 습관이란 끊임없이 갈고 닦아야 한다. 좋은 습관을 갖고 있더라도 삶의 수준이 격상되면 거기에 맞춰 끊임없이 바꿔나가야 한다. 이것이 성공으로 나아가는 길이다.

나쁜 것은 버리고 좋은 것은 만든다 ≫≫➤

습관은 극도로 고통스러워져야 그만두게 된다. 그러나 여러 번 시도하면 깨지게 되어 있다. 습관을 버리는 방법은 그냥 중단하는 것이다. 버려야 할 생각이나 행동의 패턴을 전면 중지한다. 그러나 급정지는 원래 잘 되지 않는다. 안 되면 다시 중단을 반복한다. 중단을 반복하면 습관이 서서히 지워진다.

시작을 아주 작게 시도한 다음 서서히 강도를 높여가는 방법도 있다. 담배를 일시에 끊느냐 양을 서서히 줄여가느냐의 문제다. 하지만 아침에 일찍 일어나는 문제는 일시에 해치워야 한다.

나쁜 습관 하나를 버리면 그것이 곧 좋은 습관이 된다. 그렇지 않은 경우에는 그 대안이 되는 좋은 습관 하나를 만들어야 한다. 즐거움을 주는 새로운 습관이 없으면 과거의 습관으로 돌아가기 쉽다. 담배를 끊는다면 담배 대신에 즐거움을 줄 수 있는 다른 대체물이 있어야 다시 담배를 피우지 않게 된다. 그것은 담배가 주는 즐거움을 가로막을 수 있는 것이면 좋다.

새로운 습관을 만들기 위해서는 그 행동이 뇌에 새겨질 때까지 반복해야 한다. 적절한 보상이 있으면 한층 더 깊이 입력된다. 돌고래에게 물고기를 보상으로 주는 것은 훈련 효과가 높아지기 때문이다. 스스로에게 보상하는 방법은 하고 싶었던 일을 하거나 갖고 싶었던 물건을 사면서 스스로를 축하해주는 것이다.

보상은 즉시 시행하는 것이 좋다. 잘못했을 때 벌을 주는 부정 보상법은 단기적인 효과가 크다. 그러나 장기적으로는 잘했을 때 칭찬, 선물, 자유 등을 주는 긍정 보상법이 훨씬 좋다. 수준을 점점 높여가면서 보상하면 결국엔 최고의 능력을 발휘하게 된다.

작게 시작해야 성공한다 >>>

일시에 버릇들이기 어려운 습관은 시작을 작게 하는 것이 좋다. 가장 어려운 것은 시작이다. 거창하게 하지 말고 작게 시작하는 게 좋다. 처음부터 무리하면 포기하기 쉽다. 작게 시작해서 지속적으로 반복한다.

그런 다음에 서서히 강도를 늘려간다. 가끔 계획대로 하지 못하는 수도 있다. 그래도 상관없으니 다음날 계속해야 한다. 새로운 습관을 들이는 것도 지속이 중요하다.

인간은 입력된 법칙에 따라 행동하는 관성의 동물이다. 경험에 의해 가장 안전하고 효율적이라고 판단되는 정보를 입력해두고 이에 따라 움직이기 때문이다. 이 정보들은 평생 지속되는 본능과도 같은 것들이다. 변화를 시도하고 새로운 계획을 행동에 옮길 때에는 언제나 습관의 방해를 받는다. 추의 진자 운동을 일시에 정지시키는 방법도 있지만 서서히 진폭을 줄여가는 방법도 있다. 새로운 습관을 들일 때에도 일시에 가동시키는 방법과 서서히 증가시키는 방법도 있다.

말을 바꾸면 행동이 바뀐다 ▶▶▶

말 한 마디에 행동이 달라질 수 있다. 명확한 말과 애매모호한 말, 긍정적인 말과 부정적인 말, 이성적인 말과 감성적인 말들이 행동을 다르게 이끈다. "해보자!"와 "해볼까?"는 행동을 끌어내는 파워가 완전히 다르다. 이것이 말의 힘이다. 말에는 뜻이 담겨 있기 때문이다. 그러므로 말을 바꾸면 행동이 달라진다. 말하는 스타일은 쉽게 습관이 된다.

'하겠다'와 '하고 싶다'와 '해야 한다'는 의미가 다르다. 행동을 이끌어 낼 때는 표현의 주어가 명확해야 하고 자기 주체적이고 능동적이어야 한다. '나는 …을 하겠다.'는 식으로 주체적 표현을 하는 것이 좋다. '해야 한다'의 주체는 내가 아니고 또 다른 명령자다.

스스로 결정하는 주체적이고 능동적인 표현을 쓰면 동기 부여가 강하게 된다. '하고 싶다'고 생각하고 있는 일들을 모두 '하겠다'나 '해야 된다' 또는 '할 수 있다'로 바꾸어야 한다. 누가 시켜서 하는 것이 아니라 자발적으로 하는 것이다.

말이 바뀌면 인생이 바뀐다 >>>

사용하는 말이 바뀌면 성격이 변하고 가치관과 태도도 바뀐다. 무엇을 생각하고 어떻게 말하느냐에 따라 인생이 바뀔 수 있다. 생각은 언어를 통해 이루어지고 행동은 언어에 따라 달라진다. '할 수 있다'고 생각하면 "할 수 있다"고 말할 수 있다. "할 수 있다"고 말하게 되면 하려고 노력하게 된다.

어떤 것을 "할 수 없다"고 말하는 사람이 그것을 해내려는 노력을 하지는 않는다. 행동을 멈추든지 마지못해 하는 척하다가 그만둔다. 스스로 능력을 발휘하지 않고 행동을 가로막는다. 가능성마저 차단한다. 뇌에는 이미 안 된다고 입력이 되어 있기 때문이다. 사용하는 말에 따라 행동이 달라진다.

루이스 헤이는 그의 책 〈치유, 있는 그대로의 나를 사랑하라〉에서 말은 자신의 진정한 자아를 기억하고 그 힘을 활용하는 것이라고 말하고 있다. 원하는 것을 명백하게 표현하면 힘이 생긴다는 것이다. 그 말은 긍정적인 내용과 현재 시제여야 한다. 10억을 벌기를 바란다면 "10억을 벌겠다."고 표현하는 것도 좋지만 "난 지금 10억을 벌고 있는 중이야."라고 하든지 "나에게는 10억이 점점 가까워지고 있어."라고 말해야 한다. 그러면 더 쉽게 이루어진다는 것이다.

늘 가능성을 열어둔다 ≫▶

　　문제가 닥치면 좌절하는 사람이 있는가 하면 해결 방법을 찾는 사람이 있다. 이것도 우리 자신들에게 철저히 습관화되어 있다. 이들이 말하는 스타일은 전혀 다르다. 좌절파들은 늘 "역시 안 돼."라고 결론지어 말한다. "이건 불가능한 일이야."라고 퇴로를 막아버린다. 해결파들은 늘 여백을 남겨둔다. "왜 안 되지?"라는 질문에는 대답할 공백이 남아 있다. 불가능하다는 생각을 하기 전에 "계속하면 안 될까?"라고 생각한다. "다른 방법이 없을까?"라고 계속 여지를 남겨둔다. 늘 가능성의 실마리를 찾는다.

　　좌절파들은 단정하고 해결파들은 질문한다. 좌절파들은 "끝장이야." "방법이 없어."라고 주저앉을 때 해결파들은 "더 좋은 방법이 없을까?" 궁금해 하고 "지금 할 수 있는 일이 뭘까?" 스스로 찾는다. 다음 단계로 나아가려고 하고 잘못된 방향을 수정하려고 한다.

　　계속 질문하는 이유는 멈추지 않겠다는 뜻이다. 성공한 사람들은 멈추지 않으면 목적지에 닿는다는 걸 알고 있다. 그들은 부정적인 표현을 쓰지 않으며 늘 스스로에게 다음 행동을 묻는다. 길이 하나만 있는 건 아니기 때문이다. 자신의 방법이 틀렸을 뿐이다. 인간의 잠재력은 무한대이기 때문에 그걸 끌어내려는 것이다. 이런 것이 좋은 말 습관이다.

머뭇거리면 실패한다 ▶▶▶

　　　일을 시작해놓고도 하루 이틀 지나면 싫증이 난다. 그러면 여기저기 한눈을 팔며 늑장을 부린다. 더 이상 진도가 나가지 않는다. 자신의 계획과 목표를 정확히 알고 있으면서도 딴전을 피우며 시간 낭비를 하다가 나중에야 시간이 없다는 핑계를 댄다. 이는 계획한 일이 어렵게 느껴지거나 하고 싶지 않을 때 생기는 불안감을 감추려는 행위이다.

　어려운 일을 만나면 우선 피하고 싶은 충동이 일어난다. 그러면 집중하지 않고 자꾸 다른 데로 눈을 돌린다. 어려운 일을 버리고 좀 더 편하고 쉬운 일로 옮겨가고 싶은 것이다. 잠시만 다른 일을 하다 금방 돌아올 거라고 스스로를 안심시키지만 포기를 하려는 예비 동작이다.

　한 눈 파는 악순환이 계속되면 일을 포기하게 된다. 끝까지 하더라도 시간이 너무 많이 걸리거나 만족스럽지 못한 결과가 나온다. 이런 행위가 계속되면 모든 일을 성의 없게 대충 해치우는 습관이 생기고 만다. 그런 사람들은 일할 기분이 들 때까지 시간을 보낸다. 일을 하다가도 기분이 가라앉으면 다시 딴 짓을 한다.

예외를 인정하면 실패한다 ▶▶▶

　　　일을 미루면서 빈둥거릴 소재는 많다. 커피를 마시다가 여기저기 전화를 건다. 옆 사람과 잠시 잡담을 나누다가 화장실에 갔다 온다. 이메일을 확인하고 답장을 쓴 다음에 몇 가지 실시간 뉴스를 점검한다.

몸이 찌뿌드드하여 맨손체조를 하다가 문자가 와서 확인하고 답장을 보낸다. 담배를 한 대 피우고 다시 커피를 마신다. 휴식 시간이 끝났지만 일할 기분이 들 때까지 잠시 더 쉰다... 등등 할 일은 많다.

습관을 고치기 위해 생활을 개조할 때 '예외'를 인정하면 안 된다. 다이어트를 하는 중이지만 생일이기 때문에 기름진 음식을 딱 한 번만 먹겠다고 하면 그 계획은 무너지게 마련이다. 일기를 쓰기로 해놓고 피곤하니까 오늘은 넘어가자고 하면 빼먹는 일이 잦아지다가 결국에는 중단하게 된다. 예외란 언제나 통하니까 예외인 것이다. 그때에는 일기를 단 한 줄이라도 쓰고 자야 한다. '일기, 오늘은 정말 쓰기 싫다.'는 말이라도 쓰고 자야 한다.

오래된 습관은 의식하지 않아도 지켜지지만 새로운 습관은 노력해도 지켜지지 않는다. 날씨도 안 좋은데 조깅을 하다가는 감기에 걸릴 수 있다. 하지만 그걸 이겨내면 상당한 쾌감을 느낄 수 있다. 한 번만 이겨내면 다음부터는 습관에게 지지 않는다. 이것이 쌓이면 '의지의 인간'이 될 수 있다.

미루면 실패한다 ⋙

끝내야 할 시간이 코앞에 다가올 때까지 기다렸다가 어쩔 수 없이 떠밀리듯 일을 하는 사람이 있다. 일을 해야 한다는 강박감과 도망가고 싶은 마음이 충돌하면서 망설이는 단계를 넘어서야 일을 시작한다. 이것은 미루는 버릇 중에서도 가장 나쁜 버릇이다. 이래서는 발전이 더

딜 수밖에 없다.

하기 싫은 일을 미루면 일단 안심이 된다. 하지만 마음이 편한 것은 아니다. 시간이 닥치면 급한 마음에 금방 일을 해내기는 한다. 간단히 해치웠다는 착각에 빠진다. 그러면 다음에도 같은 식으로 하고 싶어진다. 결국 어떤 일이든지 미뤘다가 번개처럼 처리하는 식으로 대처하게 된다. 그 이면에는 실수가 항상 기다리고 있다.

어떤 일이든 첫걸음을 무조건 떼놓고 보는 것이 중요하다. 일단 시작해놓고 보는 것이다. 그러면 일이 거기서부터 발전해나간다. 벽돌을 쌓듯이 하나하나 해나가다 보면 서서히 건물의 모습이 보인다. 그때부터는 일이 조금씩 쉬워진다.

마음에 들지 않으면 부수고 다시 시작해도 된다. 일단 시작하는 것이 중요하다. 진행이 지지부진하면 하다가 자주 쉬어도 된다. 무리하게 붙들고 앉아 있다가는 오히려 하기 싫어질지도 모른다. 집중이 될 때까지는 무리하지 말고 느슨하게 나아간다.

일을 분할하는 것도 하나의 방법이다. 파트별로 목록을 적어놓고 아이디어가 떠오르는 대로 그 부분을 우선 해결한다. 생각이 정리되지 않는 부분은 나중에 해결한다. 모든 파트들의 서류를 모아놓으면 하나의 완성품이 된다.

깨닫지 못하면 실패한다 ▶▶▶

미루는 버릇은 실행을 실패하게 만드는 대표적인 요인이다. '아,

골치 아프다. 나중에 하자.' 두려움도 미루는 데 한 몫 한다. '실패하지 않을까? 잘못되면 어떡하지?' 자기 불신도 끼어든다. '이건 힘들어. 내가 할 수 있는 일이 아니야.' 위험한 것은 하지 않으려고 하고, 자신감 없어하는 것은 변화를 추구하지 못하는 사람들의 대표적인 습성이다.

미루는 태도는 성공하지 못한 사람들의 몸에 배어 있어 자신이 중요한 일을 미루고 있다는 것조차 깨닫지 못한다. 자연스러운 일상 행위의 하나로 받아들이는 것이다. 그런 사람들은 어떤 계획의 실패 원인이 자신이라는 사실을 금방은 깨닫지 못한다.

우리는 미루는 습관에 익숙해져 있어서 자신도 모르게 자동적으로 일들을 미룬다. 간식 하나 먹고 하자, 술 한 잔 마시고 나서 하자, 한숨 자고 일어나서 하자…. 모든 것은 '나중에.' '조금 있다가.' 그러다 결국에는 포기하고 만다. 미루면 실패한다. 인생의 철칙이다. 할 일은 즉시 해치우는 것이다. 아예 습관으로 만들어버려야 한다. 미루는 게 습관이 되면 절대 안 된다. 게으른 자는 성공할 수 없기 때문이다.

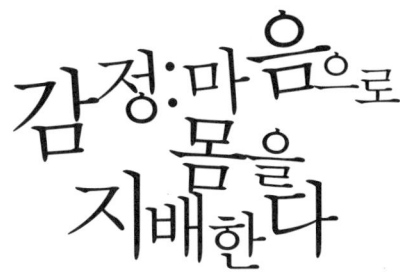

제7장

감정: 마음으로 몸을 지배한다

감정이 바뀌면 행동이 바뀐다 ▷▷▷

　　대니얼 골먼은 〈감성 지수〉라는 책에서 "감정에 대한 지식을 응용하여 인간의 삶을 무한대로 개선할 수 있다."고 말하고 있다. 그렇다면 감정 조절이야말로 중요한 일이 아닐 수 없다. 감정도 습관이며 다른 습관과 마찬가지로 인간의 좋은 의도를 망칠 수 있다. 버려야 할 감정을 버리고 살려야 할 감정을 살리면 인간은 자신의 삶을 더욱 잘 통제할 수 있다는 것이 그의 주장이다.

　　우리가 인생에서 진정으로 원하는 것이 무엇인가? 그것은 행복하고 기분 좋은 느낌들이다. 우리는 누구나 그런 마음으로 행복감을 느끼며 살고 싶어 한다. 즐거운 감정 상태를 유지할 수 있다면 즐거운 인생을 살 수 있다.

감정 상태를 바꾸면 기분이 바뀌고 행동이 변한다. 얼굴에 미소를 띠고 있으면 인생이 바뀐다. 하루 세 번씩만 큰 소리로 웃어도 하루가 바뀐다. 이것을 계속하면 뇌의 특정 부분이 자극되어 기쁨을 쉽게 느끼게 된다. 감정 조절은 행복한 인생을 살 수 있는 방법이다.

안 좋은 기억이 떠오를 때마다 기분 좋은 노래를 부르고 아름다운 장면을 떠올린다면 그 감정이 변하게 된다. 어떤 기억이 떠오를 때 이전과는 전혀 다른 그림을 떠올리면 그 기억이 떠오를 때마다 느껴지는 감정이 이전과는 달라질 것이다.

그러므로 자신감이 필요할 때 힘찬 음악을 마음속으로 또는 실제로 힘차게 부른다면 상당한 도움이 된다. 우울할 때 마음속으로 또는 실제로 커다랗게 웃음을 터뜨리면 기분이 확 달라진다. 이런 방식은 순간적으로 감정과 생각을 조절해준다.

감정 통제가 가능해야 한다 ⟫⟫⟫

데이비드 번즈는 〈우울한 현대인에게 주는 번즈 박사의 조언〉에서 이렇게 충고한다. '감정의 감옥에서 벗어나라. 불쾌한 감정은 부정적인 생각에서 만들어진다. 잘못된 생각을 고치면 나쁜 감정이 사라진다. 화를 내는 것은 자신의 거친 감정이 만들어낸 것이지 현실의 사건이 아니다. 그때 화를 내지 않기로 선택하면 화가 나지 않는다.'

관심을 집중하면 특정한 감정 상태를 만들어낼 수 있다. 과거의 불쾌한 기억을 집중적으로 떠올리면 불쾌한 기분에 빠진다. 앞날을 부정적으로 생각하면 불쾌해진다. 그 반대로 생각하면 상황은 달라진다. 아름다운 경험에 생각을 집중하면 그 기분을 다시 경험할 수 있다. 목표를 세울 때는 이런 기분 속에서 해야 한다.

마음을 의식적으로 조절할 수 있어야 한다. 주변 환경이 어떻든 자신의 감정 상태를 순간적으로 바꿀 수 있어야 한다. 좌절감에 싸여 있더라도 해낼 수 있다는 생각으로 과감하게 감정 상태를 바꾸면 엄청난 능력을 발휘할 수 있다.

스스로를 즐겁게 만든다 ▶▶▶

남이 나를 즐겁게 해주지 않아도 스스로를 즐겁게 만들 방법을 찾아야 한다. 오락이나 술이나 음식이 없어도 스스로를 즐겁게 만들 수 있는 방법이 있다. 이런 것들이 필요한 이유는 다른 파괴적인 방법에 의지하지 않기 위해서이다. 술, 마약, 담배, 음식에 의지해 즐거운 기분을 유지하려는 것은 나쁜 습관이다.

음악을 들으면 기분이 좋아진다. 책을 읽는 것도 마찬가지이다. 운동을 하는 것도 좋은 방법이다. 춤추기, 노래 부르기, 영화 보기, 고아원이나 양로원에서 봉사하기, 청소 등등 기분을 좋게 만들 수 있는 방법은 다양하다. 날마다 이런 즐거움에 빠지면 자신에게 이익이 된다. 무엇보다도 긍정적인 감정 패턴을 갖게 된다.

억지로 하는 일은 우리를 병들고 지치고 늙게 만든다. 즐기면서 자발적으로 하는 일은 건강하고 젊게 만든다. 일을 자발적이고 적극적으로 즐기면 놀이가 된다.

감정은 행동하라는 신호이다 >>>

사람들은 활기차고 생동감 있게 살고 싶어 한다.그러나 잘 되지 않는다. 그 이면에는 부정적인 태도들이 있다. 눈에 띄는 부정적인 태도들은 모두 고통과 두려움 때문이다. 그것을 피하기 위해 알코올이나 마약에 의존하기도 한다.

감정 조절이 잘 안 될 때에는 지금 느끼는 감정의 내용이 뭔지 확실히 파악한다. 기분의 정체를 제대로 아는 것이 중요하다. 지금의 기분 상태를 파악해보는 것만으로도 감정이 정리되는 수가 많다. 그러면 해결이 한층 쉬워진다.

어떤 감정이든지 생각이나 행동을 바꾸라는 신호로 받아들여야 한다. 감정에 따르지 않고 저항하면 그 감정이 쉽게 누그러지지 않는다. 감정의 의미를 생각해보면 상황을 개선할 수 있는 방법이 떠오른다. 어떤 행동을 해야 할지 생각하고 어떤 점을 배워야 할지를 생각한다. 그런 다음 적극적으로 행동한다.

감정을 조절할 수 있다면 성공한 것이나 다름없다. 감정을 활용하고 조절할 수 있다면 개인의 능력을 최대한 계발할 수 있기 때문이다. 감정 상태에 따라 행동이 제약을 받기도 하고 자유로워지기도 한다.

적극적인 마음 상태, 즉 자신감, 의욕, 사랑, 호기심, 이타심 등의 감정은 인간을 훨씬 활력 있게 만든다. 우울, 분노, 스트레스, 좌절감 등은 그 반대의 효과가 난다. 감정은 꿈을 지배하는 강력한 도구이다. 감정을 행동의 원동력으로 삼아야 한다.

행동·음식·말로 감정을 조절한다 ≫≫

행동이 감정을 다스린다는 것은 간단한 뜀뛰기나 스트레칭만 해봐도 느낌이 달라지는 것으로 알 수 있다. 그러므로 자신만의 몸 운동법을 개발하면 감정을 조절할 수 있다. 가장 좋은 것은 정기적인 운동이다. 주기적으로 운동하면 몸의 생화학적 반응이 바뀐다. 동작이 활력 있게 바뀌면 감정도 활력 있게 바뀐다.

우울할 때 초콜릿이나 정크 푸드가 당기는 것은 감정 상태를 바꿔보려는 신체 반응이다. 술과 담배도 마찬가지다. 그러나 일시적으로는 기분을 바꿔줄지 몰라도 장기적으로는 몸을 파괴한다. 이런 것들은 마약이나 마찬가지이다. 차라리 몸을 움직여 기분을 전환해주는 것이 좋다

우리 감정은 대부분 말로 표현되기 때문에 말은 감정에 큰 작용을 한다. "피곤해 미치겠다!"거나 "배고파 죽겠네!"라고 소리 지르면 더 피곤하고 더 배고프게 느껴진다. 그 말을 듣는 순간 몸 안에서 반응을 하고 뇌를 자극하기 때문이다. 부정적이고 극단적인 말은 감정을 더 부정적으로 만든다.

긍정적인 표현을 쓴다 ≫≫

말을 명랑하고 긍정적으로 하면 기분도 그 분위기를 따라간다.

말은 감정을 증폭시키는 역할을 한다. 되도록 자신에게 이로운 말을 많이 해야 한다. 단조로운 말만 쓰면 일상도 단조로워진다. 즐거운 말을 하면 일상도 즐거워진다. "야, 정말 좋다!" "굉장한데!" "최고야!" 같은 칭찬과 긍정의 말을 자신과 남들에게 많이 사용하는 것이 좋다.

"앞이 가로막혀 꼼짝도 할 수 없다."라고 말할 때와 "어떻게 하든 뛰어넘고 말겠다."라고 말할 때의 감정은 전혀 다르다. 긍정적인 말은 긍정적인 변화를 가져다준다. 어떤 회사 사원들이 자기 회사 욕만 하고 다니면 그 회사가 잘 될 리 없다. 부정적인 말을 추방하는 것만으로도 우리는 크게 달라질 수 있다.

수전 제퍼스는 〈도전하라 한 번도 실패하지 않은 것처럼〉에서 이렇게 강조한다. "긍정적인 생각의 핵심은 그것을 날마다 늘 연습해야 한다는 것이다. 늘 자신에게 선언하라. 긍정적인 현재형 문장으로."

자신이 습관적으로 말하는 부정적인 말들을 메모해 그것을 긍정적인 말로 바꿔서 습관이 될 때까지 매일 사용해보자. 말은 우리 무의식을 프로그래밍하는 강력한 도구이다. 반복적으로 어떤 말을 자신에게 들려주면 결국 그것을 믿게 되고 그것을 실현할 방법을 찾게 된다.

감정을 조절하기 위해서는 부정적인 말을 하지 말아야 한다. 일주일만 실험해보면 효과를 알 수 있다. 그러면 부정적인 감정이 사라지고 긍정적인 마음이 된다. 성공을 바라는데 그것을 부정하는 기분이 전혀 없다면 그 소망은 반드시 실현된다. 그러는 사이에 우리는 점점 변해간다.

긍정적인 감정 상태를 찾는다 ≫≫

알라스카에 간 어떤 세일즈맨은 "여기 사람들은 냉장고를 쓰지 않아. 여기 있다가는 망하겠군."하고 돌아와버렸다. 다른 세일즈맨은 "여긴 냉장고가 하나도 없어. 다들 내 고객이군."하고 열심히 팔아먹었다. 아프리카에 간 어떤 세일즈맨은 "여기 사람들은 신발을 전혀 신지 않아. 여기서 장사하다가는 망하겠군."하고 돌아가버렸다. 다른 세일즈맨은 "여긴 신발 없는 사람들뿐이야. 다들 내 고객이군."하고 열심히 팔아먹었다.

행복한 일들만 찾으려고 하면 행복한 일들만 눈에 띄게 된다. 우리는 하루 종일 질문을 하고 그 대답을 찾아 시선을 집중하며 살아가고 있다. 긍정적인 감정을 가지려면 질문의 내용을 바꾸면 된다. 그러므로 매일 긍정적 질문으로 하루를 시작해야 한다. 그날 할 일도 중요하지만 그날의 긍정적 감정 상태의 유지도 중요하다. "오늘 즐겁게 일을 하기 위해서는 어떻게 해야 할까?" 또는 "오늘 즐거운 감정 상태를 유지하기 위해 무엇을 할까?" 날마다 아침에 질문해야 한다.

일을 하면서도 일에 대해 긍정적인 감정을 갖기 위한 질문을 늘 던진다. 어떻게 하면 이 상황을 즐기면서 일을 할 수 있을까? 어떻게 하면 더 나은 결과물을 만들어낼 수 있을까? 이런 것들이 하루를 시작하고 일을 진행할 때에 긍정적인 감정을 유지시켜주는 질문들이다. 이런 질문을 자신에게 던지면 그 질문에 대한 대답에 생각을 집중하게 된다. 그리고 우리 뇌는 자동적으로 그 답을 생각해낸다.

모든 것은 감정에서 비롯된다. 좋은 감정 상태를 유지하기 위해서는 늘 긍정적인 언어를 사용하고, 긍정적인 관점을 유지할 질문을 던져 감정 상태를 즐겁게 유지해야 한다. 이것은 긍정적인 행동을 유도하고 행복한 삶을 살게 해준다. 행복을 위해 꼭 필요한 간단한 방법이다.

제8장

행동:실행이 없으면 얻을수 없다

즉시 할 수 있는 일을 적는다 >>>

　행동은 실행되어야 가치가 있다. 실행되지 않는 행동은 행동이 아니다. 완벽하게 준비를 갖추고 시작하려고 하면 오히려 그것이 걸림돌이 된다. 계획이 완벽하지 않아도 상관없다. 준비가 충분하지 않아도 상관없다. 계획은 실행하다가 바뀔 수도 있고, 준비는 당장 필요한 것만 갖춰지면 된다. 일단 행동에 옮기는 것이 중요하다. 당장 할 수 있는 일부터 시작하면 된다. 힘을 갖춘 다음에 움직이려고 하면 끝내 움직이지 못한다.

　중요한 것은 즉시 실행하는 것이다. 이것이 습관이 되어야 한다. 성공은 결과물이 아니라 과정이기 때문이다. 목표 달성으로 얻어지는 것은 일의 결과가 아니라 진화된 우리 자신이다. 꿈을 정리해본 다음에 그것을 이루기 위해 즉시 할 수 있는 일을 적어보자. 계획 세우기나 일기 쓰기처럼 오늘부터 즉시 할 수 있는 일이 있을 것이다. 계획을 세우고 나면 또 할 일이 뒤를 이어 생길 것이다.

지금 당장 실행한다 >>>

지루함을 해소하기 위해 책을 보거나 운동을 하는 것은 좋지만 친구와 술 마시며 잡담을 하거나 텔레비전을 본다면 아무 것도 얻을 수 없다. 이래서는 꿈을 실현할 수 없다. 꿈을 실현하기 위한 새로운 지식이나 기술 습득에 모든 것을 걸어야 한다. 꿈의 실현과 상관없는 행동은 할 이유가 없다.

당장의 즐거움을 뒤로 미루고 장래에 보상받을 수 있는 활동에 집중하는 사람이 성공 확률이 높다. 장기적인 만족을 가져다줄 일에 투자하고 집중해야 한다. 성공이란 지금 원하는 것을 희생하고 진정으로 원하는 것을 손에 넣는 것이다.

인생을 좀 더 나은 것으로 변화시키고 싶다면 머뭇거리지 말고 다음의 일을 당장에 실행하는 것이 좋다.

1. 성공하기 위해 변화하겠다는 결단을 내린다.
2. 1년, 1개월, 1주일 계획표를 만들어 당장 실행한다.
3. 자신의 목표와 사명을 적어놓고 매일 읽는다.

구체적이어야 쉽게 행동한다 >>>

꿈이 명확하면 행동으로 옮기기 쉽다. 꿈이 명확해지면 불필요한 요소들이 사라진다. 그러면 어떤 일이든지 쉽게 통제할 수 있다. 꿈을 이루는 데 적절한 행동이 무엇인가를 생각하면 불필요한 요소들이 사라지고 꼭 해야 할 일들에만 집중하게 된다.

행동 전에 결과를 그려본다. 기대하는 결과를 명확히 설정하면 쉽게 일을 할 수 있다. 자신이 원하는 최종적인 모습을 확실한 영상으로 머릿속에 그려두어야 한다. 단계별 실행 계획도 중요하지만 더 중요한 것은 마지막 장면이다. 마음과 머리로 보고 듣고 느낄 정도로 선명한 이미지를 간직하고 있어야 한다. 상상과 실제를 구분하지 못할 정도로 생생하게 인식하면 무의식이 자동으로 작동하여 그것을 현실로 만들어준다.

이루고 싶은 목표를 적어두고 매일 수정하는 사람은 별로 없다. 원하는 것은 뭐든지 이룰 수 있다는 말을 믿지 않기 때문이다. 그러나 뭔가를 현실에서 이루려면 먼저 마음속에 씨앗을 뿌려야 한다. 그것을 늘 마음에 품고 살면서 눈으로 늘 보아야 한다. 문장으로 써놓고 보면 또 다른 힘을 느낄 수 있다.

실행되는 지식이 힘이다 >>>

우리는 여러 해에 걸쳐서 수백만 가지의 지식을 흡수한다. 그러나 사용하지 않으면 아무 소용이 없다. 잠재력도 발휘할 수 없다. 자기만의 재산을 사용할 것인가 썩힐 것인가. 활용 방법은 실천이고 행동이다.

완벽하게 준비될 때까지 기다리면 늦는다. 그러면 수많은 기회를 버리게 된다. 즉시 실행하고 나서 부족한 부분을 보강하는 게 좋다.

준비가 충분하지 않으면 실패할 수도 있다. 실패했다면 정보를 얻은 것이다. 세 번의 실패를 했다면 세 가지 정보가 축적된 것이다. 최소한 개선 방법 세 가지는 얻은 것이다. 실천하면 지식의 가치가 100배 이상 증가한다. 실천하지 않으면 머릿속의 생각일 뿐이다.

일단 시작한 뒤에는 멈추지 않는다 >>>

결단은 빠를수록 좋다. 머뭇거려서 해결되는 일은 없다. 결정을 할 때에도 행동에 옮길 때에도 결단을 빨리 하는 것이 좋다. 혹시 잘못된 판단을 하지 않을까 걱정할 수 있다. 그러나 일단 행동에 옮기는 것이 중요하다. 잘못된 점은 실행하는 도중에 고쳐나갈 수 있다. 실패해도 다시 고쳐나갈 수 있다. 그러나 실행하지 않으면 영원히 실패에 머무르는 것이나 마찬가지이다.

결정을 내렸으면 즉시 시작한다. 인생의 실패는 미루는 것에서 시작된다. 청소를 하기로 했으면 즉시 빗자루를 든다. 운전면허를 따기로 했으면 즉시 학원에 등록한다. 살을 빼기로 했으면 즉시 운동복을 사고 조깅 스케줄을 잡는다.

계획은 좀 엉성해도 상관없다. 구체적이면 된다. 계획을 완벽하게 세우겠다고 시간 끄는 사람치고 제대로 실천하는 경우가 드물다. 큰 목표가 있으므로 방향은 정해져 있다.

행동의 제일 수칙은 당장에 실행해야 한다는 것이다. 시작이 너무 갑작스럽다거나 갈 길이 멀어서 걱정이라거나 어려울 것 같아서 두렵다거나 할 것이다. 그러나 아무 생각 말고 일단 시작하는 것이 중요하다. 완벽한 성공을 생각하고 준비를 철저히 하려는 것은 미루게 되는 요인 중 하나이다.

지속적으로 노력하는 것이 성공의 비결이다. 실패는 방법의 문제도 있지만 중도 포기 때문에 생기는 경우가 많다. 중간 단계를 적절하게 나누어 놓으면 포기하는 일이 없어진다. 부담도 줄어들고 성취감도 자주 느낄 수 있어서 지속적인 노력이 가능하다. 일의 성패에 따른 장단점을 자주 떠올려보는 것도 효과가 있다.

불가능해 보여도 일단 시도한다 》》》

시작할 기분이 들지 않더라도 당장 시작하는 게 중요하다. 일단 시작해놓고 보면 일할 기분이 들게 마련이다. 하기 전에 불안한 마음이 들었더라도 실제로 일을 하다보면 불안감이 가신다. 하지 않고 미뤄놓기만 하면 더 어렵게 생각된다. 일단 시작한 다음에는 목표량을 정해놓고 집중한다.

불가능하게 보이더라도 시도해보는 것이 옳다. 우리는 완벽한 인간이고 잠재력은 무한하고 가능성은 어디에나 있다. 실패도 무의미하지 않다. 그러므로 불가능해 보이는 일에 전력을 다해 시도해보는 것도 무의미한 일이 아니다. 아무리 어려운 일도 몇 번 경험하면 성공할 수 있다. 그때 성숙해지고 한 단계 발전하는 것이다.

뭔가 새로운 시도나 바람직한 일을 시작하려고 하면 가로막는 게 반드시 있다. 한두 번 정도의 장애물을 만났을 뿐인데도 대부분의 인간들은 여기서 버티지 못하고 포기해버린다. "아, 역시 힘들어!"라거나 "내 생각이 맞았어. 이건 내가 할 수 있는 일이 아니야."라고 결론을 너무 쉽게 내려버린다.

인간의 능력은 무한하다. 그리고 누구나 능력은 비슷하다. 그러므로 자신의 능력에 회의를 품으면 안 된다. 장애물이 나타나면 투지를 불태워야 한다. 에너지를 모아 한 번만이라도 돌파하겠다고 결심해야 한다. "실패해도 좋다. 한 번은 도전해보겠다." 포기는 그런 다음에 해도 늦지 않다.

소방수들은 불길 속으로 뛰어들어야 할 순간이 오면 극도의 공포에 시달린다고 한다. 그러나 일단 불길 속으로 들어가면 놀랍게도 일시에 두려움이 사라지고 훈련받은 대로 행동을 할 수 있게 된다고 한다. 우리에게는 어떤 고난도 극복해낼 수 있는 놀라운 능력이 있다. 모든 위기는 한 단계 상승할 수 있는 기회일 뿐이다.

행동으로 마음 상태를 바꾼다 ≫≫

결심은 고통스럽고 행동 또한 고통스럽다. 조용히 평화롭게 살고 싶다. 고통스럽다는 것을 알기 때문에 피하려고 한다. 그러나 어느 순간 해치우면서 우리는 깨닫는다. 행동하는 것이 훨씬 쉽다. 결국 고통이 즐거움으로 변한다.

새로운 일을 할 때에는 누구나 주저하고 망설인다. 새 직장을 언제 알아볼지 주저하고 미적거린다. 보고서를 언제 준비할지 미적거린다. 다이어트를 언제 시작할지 미적거린다. 숙제를 언제 끝낼지 미적거린다. 운동을 언제 나갈지 미적거린다. 고통스럽다는 걸 알기 때문에 하기 싫은 것이다. 미래가 어떻게 될지 모르기 때문에 망설이는 것이다.

"도저히 참을 수 없어!"라고 할 지경에 이르러야 행동에 옮기게 된다. 사람들은 누구나 고통이 참을 수 없는 극한에 다다를 때까지는 행동하지 않는다. 그러나 그렇게 결심하는 순간 상황은 반전된다. 이전의 상황이 정리되고 새로운 세상이 열리는 것이다. "아, 이놈의 리포트, 더 이상은 미룰 수 없어!"라고 외치며 견디지 못하고 써내려가는 순간 상황은 반전된다. 새로운 행동은 새로운 상황과 새로운 결과를 만들어내고 결국엔 즐거움으로 변한다.

고통의 감각으로 동기 유발을 한다 ▶▶▶

NPL(Neuro Linguistic Programming 신경언어프로그래밍)의 개발자 스티브 안드레아스는 '모든 인간에게는 동기화의 방향이 있는데, 대개는 기쁨을 얻기 위해 동기화를 하기보다는 고통에서 멀어지기 위해 동기화를 한다.'고 한다. 그러니까 가장 강력한 감정은 고통이라는 말이다.

어떤 일을 고통과 연결시키면 그 행동은 피하게 된다. 즐거움과 연결시키면 적극적으로 하게 된다. 습관을 고친다거나 동기 유발을 하는 좋은 방법이다. 술이 고통스러운 경험과 연결되어 있는 사람은 술을 마시지 않는다. 술이 즐거운 경험과 연결되어 있는 사람은 마시려고 기를 쓴다. 우리 행동을 결정짓는 것은 고통과 즐거움에 대한 본능적인 반응이다. 음식은 맛있기 때문에 먹는다. 맛에 대한 기억은 본능이다. 다이어트를 하기 위해 음식을 제한하기도 한다. 그러나 근본적인 해결이 되지 않는 것은 맛에 대한 본능 때문이다.

인간은 고통을 피하는 데 익숙하다. 음식을 제한하는 것은 고통이다. 그 고통을 피하려는 본능이 강하기 때문에 다이어트는 늘 실패한다. 다이어트에 성공하기 위해서는 기름진 음식을 고통과 연결시켜야 한다. 건강에 좋은 음식을 즐거움과 연결시켜야 한다. 포만감을 고통과 연결시켜야 한다.

장래의 즐거운 광경을 생각한다 ▶▶▶

파블로프의 개는 종소리를 들으면 침을 흘린다. 그것은 오랫동안 종소리를 들려준 다음 먹이를 주는 훈련을 해왔기 때문에 먹이와 종소리가 연결된 것이다. 고통이나 즐거움의 강도가 최고조에 달했을 때 나타나는 사물은 고통이나 즐거움과 연결된다.

고치고 싶은 습관이나 행동이 있으면 그것을 아주 강렬한 고통과 연결시켜 생각조차 하기 싫게 만들면 효과적으로 멈출 수 있다. 반대로 새로운 행동을 습관으로 만들고 싶으면 즐거움과 연결시킨다. 강한 느낌과 감정으로 여러 번 반복하면 몸에 배어 자동적으로 나오게 된다.

단기적으로는 고통이지만 장기적으로는 즐거움을 주는 것도 있고 그 반대의 경우도 있다. 다이어트를 하면 당장에는 고통스럽다. 그러나 장기적으로 보면 몸이 더 건강해지고 행복해진다. 새벽에 외국어를 배우러 가는 것은 당장에는 고통스럽다. 그러나 장기적으로 보면 훨씬 더 즐겁고 행복한 생활을 할 수 있는 기반이 된다. 어떤 훈련이든 그것을 하는 동안에는 감내하기 힘들다. 그러나 반복하다보면 즐거움을 느낄 수 있게 되고 그 결과 또한 즐겁다.

인내를 갖고 노력한다 ▶▶▶

목표를 달성하고자 한다면 끈기와 인내와 노력을 기울여야 한다. 게으름을 피우거나 자기 만족감에 들뜰 여유가 없다. 한 걸음씩 전진하는 것이 우리가 할 수 있는 유일한 방법이다. 시간을 거슬러 올라갈 수는 없다. 계속 앞으로 나아가야 한다.

어떤 사람들은 막바지에 몰려야 행동한다. 선택의 여지가 없다고 생각되는 최후의 순간에 행동을 시작한다. 쫓기면서 일을 하면 능력이 충분히 발휘되는 듯한 느낌을 받는다. 그러나 많은 오류를 저지를 수 있는 위험한 방법이다.

어떤 일도 하루아침에 이뤄질 수 없다. 하루도 빠짐없이 지속적으로 노력하지 않는 한 이뤄지는 일은 없다. 거듭 노력하면 익숙해지고 숙달된다. 끝까지 해내겠다는 자기 통제력과 인내 없이는 성취할 수 없다. 현재의 우리 모습은 지금까지 자신이 뿌려온 씨앗의 결과이다. 지위, 수입,

실력, 인격, 대인관계 등등 모든 것이 내 노력의 결과이다.

최고 수준의 실력을 집중한다 ▶▶▶

　　어떤 일이든 최고의 수준을 발휘해서 해내야 한다. 끝내기에 급급해서 대충 해치우면 안 된다. 하고 있는 일에 자부심을 가지고 있다면 최고의 실력을 발휘하지 않을 수 없다. 때로 실수가 생기더라도 완벽하게 하기 위해서 노력해야 한다.

　현재 진행하고 있는 일에만 초점을 맞추고 과거나 미래의 일을 생각할 필요 없다. 물론 자주 과정을 점검하고 평가해야 한다. 목표에 다가가고 있는가? 더 효율적인 방법은 없는가? 스스로에게 물어보고 다시 집중력을 발휘해야 한다. 긴장감이 없으면 꾸물거리게 된다. 긴장감은 열정을 불러일으킨다.

　집중해서 에너지를 투입할 때에는 자신의 한계를 잊어버리고 미친 듯이 해야 한다. 포기하고 싶거나 쉬고 싶은 생각도 무시한다. 무조건 전진한다. 그러면 스스로의 잠재력에 스스로 놀랄 것이다. 포기하고 싶다는 강렬한 욕구를 극복하면 자신이 평소에 생각했던 한계를 뛰어넘었다는 것을 알게 된다.

한계에 끊임없이 도전한다 ▶▶▶

　　평소에 멈춰야 된다고 생각하는 한계 지점을 넘어가볼 필요가 있다. 그러면 능력을 확인할 수 있고 한계의 울타리에서 벗어날 수 있다.

최선의 노력 이상을 하고 최고의 집중력 이상을 발휘하면 이루지 못할 것이 없다.

우리가 하는 일들은 대부분 쉽지 않다. 그러나 특별히 걱정할 만큼 어려운 것은 아니다. 반면에 그리 어렵지 않으나 즐겁고 가벼운 마음으로 할 수 없는 일들이 있다. 이런 일들을 시도하는 것은 걱정스럽다. 그러나 어느 정도 두려움이 느껴지는 일을 시도할 때 오히려 자신감이 높아진다. 그것을 극복하고 실행을 해냈을 때는 능력도 상승한다.

서서히 강도를 높여간다 >>>

성공은 또 다른 성공을 이끌어낸다. 한 가지 일에 성공하면 자신감이 상승하여 다음 성공이 훨씬 쉬워진다. 그러므로 큰 꿈을 이루기 위해서는 여러 단계의 작은 목표를 하나씩 차분히 이뤄나가는 게 중요하다. 작은 성공을 몇 번 경험하면 전체 계획의 성공 확률이 아주 높아진다. 긍정적인 생각과 자신감이 생기기 때문이다. 한 걸음씩 착실히 전진하는 것이 현명한 방법이다.

권투선수들은 처음부터 강한 상대와 시합하지 않는다. 약한 상대부터 시작해 서서히 강도를 높여간다. 그러는 사이에 자신감이 붙고 더 강한 상대도 이길 수 있다. 성공 체험은 중요하다. 작은 일이나 낮은 단계의 일을 소홀히 하면 안 된다.

실패했을 경우에는 방법을 다시 점검해보아야 한다. 여러 각도에서 반성과 평가를 하고 같은 실수를 저지르지 않기 위해 수정을 한다. 그러면 실패의 확률은 줄어들고 성공의 확률은 높아진다. 실패했다고 좌절할 필요 없다. 실패를 분석하고 반성하는 것이 해야 할 과정이다.

작은 일에 소홀하지 않는다 >>>

하루를 시작하면서 그날의 작은 목표를 확인하고 작은 것이라도 소홀하지 말고 반드시 달성해야겠다는 마음가짐을 가져야 한다. 작은 목표들이 모여서 큰 목표가 되기 때문에 하루라도 소홀하면 안 된다.

여러 가지 일을 하다보면 나중의 것들은 제대로 하지 못할 수도 있다. 그러므로 계획은 되도록 간단하게 세워놓는 게 좋다. 또 중요한 일들을 중심으로 단순하게 세워놓고 그것들은 달성하는 게 좋다.

하루 일을 하다보면 작은 일들도 하지 않을 수 없다. 그러나 꼭 오늘이 아니더라도 가능한 일들을 무리하게 붙들고 있을 필요는 없다. 시간 낭비이다. 자투리 일들은 중요한 일의 사이사이 쉬는 시간에 처리해도 된다. 또는 한꺼번에 몰아서 해도 된다.

낭비적 요소가 큰 자투리 일들의 리스트를 만들어보면 처리 방법이 떠오를 것이다. 해도 될 것과 하지 않아도 될 것을 구분한다. 매일 처리해야 할 것과 묵혀두었다가 한꺼번에 처리할 것들을 구분한다. 습관처럼 매달리는 일과 잘 잊어먹고 지나치는 일들을 구분한다. 그러면 하루 단위, 또는 일주일 단위로 해야 할 자투리 일들이 정리될 것이다.

일에 따라 투입 시간을 조절한다 >>>

시간 여유가 없어 급히 처리해야 할 중요한 일들은 즉시 처리해야 한다. 그러나 이런 일들이 되도록 발생하지 않게 미리 손을 써두는 것이 좋다.

시간은 촉박하지만 중요하지 않은 일들은 겉으로는 중요해보이지만 그리 중요하지 않은 일들이다. 시간 여유가 없기 때문에 중요하다고 생각하고 속아 넘어가는 경우가 많은 일들이다. 급하다고 다 중요한 일은 아니므로 나중에 해도 되거나 안 해도 되는 일인지를 정확히 따져봐야 한다.

처리할 시간은 많지만 아주 중요한 일들은 시간 여유가 많기 때문에 미루다가 제대로 하지 못하는 경우가 많다. 이런 일들이야말로 시간을 들여 꾸준하고 성실하게 해야 한다. 당장 눈에 보이지 않지만 앞으로 중요할 영향을 줄 일들이다.

시간을 많이 들여서 하지만 그리 중요하지 않은 일들은 대개 현실 도피성 일들이 많다. 일하기 싫어서 게으름 피우느라 딴 데에 정신을 팔면서 잠시 일을 떠나는 것이다. 일을 마치고 나서도 아무런 소득이 없다. 이런 일들은 리스트를 만들어 철저하게 배제해야 한다. 이런 일이 습관이 되면 하루 종일 빈둥거리느라 아무 것도 못하게 된다.

몰입은 생각처럼 쉽지 않다. 자기 모든 것을 던져서 노력을 하면 성공할 확률이 커진다는 것은 누구나 알고 있지만 실제로 그렇게 하는 사람은 많지 않다. 이럴 때에는 일을 여러 가지로 벌이지 말고 단순하게 정리해서 한두 가지에 집중하는 것이 낫다.

결단력 있게 행동한다 >>>

굳은 결의를 갖고 대담하게 행동해야 한다. '한번 해볼까?' 정도의 마음가짐으로는 안 된다. 행동에 돌입하면 다 이뤄진다지만 각오가 없이는 아무런 성과도 얻을 수 없다. 최선을 다해서 행동해야 한다. 그렇게 하기만 한다면 이뤄지지 않을 일이 없다.

우리에게 꿈이 있고 그것을 실행에 옮길 자유도 있고 실행하면 성공한다는 보장도 되어 있다. 그렇다면 전력을 다해서 해볼 만하지 않은가. 행동이 분산되면 안 된다. 지식과 힘과 기량과 능력을 한군데 집중해서 투자해야 한다. 파워를 집중시키면 철판도 뚫을 수 있다. 그리고 완성될 때까지 한눈팔지 말아야 한다.

실패자들은 만족스러운 결과가 나오지 않으면 의아해한다. 그러나 성공한 사람들은 요구받은 선에서 일을 끝내지 않는다. 요구받은 정도 이상을 하려고 노력한다.

반드시 이뤄진다고 확신한다 >>>

먼저 굳은 결의가 필요하다. 반드시 해낼 수 있다고 확신하고 자신은 성공을 위해서 태어났다는 것을 다짐한다. 자기 일로 받아들이고 스스로 책임을 느껴야 한다. 누구에게서 명령을 받아서 행동하는 것이 아니라 스스로 하는 것이다. 스스로 이 문제를 이루겠다는 책임감이 필요하다. 다른 사람이 도와주지 않아도 불평하지 않는다. 스스로 결정하고 실천하면 된다. 제자리에 서 있어서는 자신의 존재 가치를 찾을 수 없다. 늘 앞으로 전진하는 것이다. 누가 시켜서 하는 것이 아니다. 스스로 하는 것이다.

위험을 무릅쓰고 도전해야 한다. 새로운 영역에 들어설수록 우리의 영역은 점점 넓어진다. 목표를 달성하는 것도 중요하지만 그 과정을 통해서 인간적으로 성숙해진다는 것이 더 중요한 목표다. 도전하지 않으면 성장할 수 없다. 목표를 설정하고 그것을 달성하는 것은 부자가 되기 위한 것도 아니고 지위를 얻기 위한 것도 아니다. 스스로를 연마하고 단련하여 더 나은 인간이 되기 위한 것이다.

과감하게 행동하고 결과를 기록한다 ▶▶▶

대담하고 과감하게 행동하는 습관을 몸에 익힌다. 그러기 위해 하나의 목표를 설정하고 그 목표를 향해 과거에 해보지 못했던 방법을 과감하게 실행한다. 과거의 낡은 패턴에서 벗어난다. 1주일 동안 달성할 결과를 적는다. 이번 주에 무엇을 얻고 싶은지를 적는다. 활동의 결과로 얻을 수 있는 것들을 적는다. 이것들은 행동의 결과 실현될 열매들이다.

결과를 얻기 위한 행동 항목을 적는다. 되도록 구체적으로 적는다. 건강을 위해 노력하기로 결정했다면 '주서기를 구입하여 주스를 만들어 마시고 아침에는 1km 조깅을 하고 저녁에 헬스클럽에서 2시간 운동하고 밤에는 9시에 잠자리에 든다.'는 식으로 구체적으로 적는다. 헬스클럽에서는 구체적으로 어떤 운동을 어떻게 할 것인지 적는다. 원하는 결과를 얻기 위해 반드시 해야 할 것들이다.

계획표에 따라 정확히 실행하려고 노력한다. 1주일이 지난 다음에 결과를 측정하고 계획했던 메모들과 비교한다. 그러면 다음 행동을 어떻게 해야 할지 결론이 나온다.

제9장

분석과 수정 :
실패한 곳에서
도약한다

실수와 실패는 당연하다 ▶▶▶

인간은 완벽한 존재로 태어났지만 살아가는 방법은 완전하게
익히지 못한다. 다들 단점과 흠을 지닌 채 살아간다. 어떤 것은 잘 하지
만 어떤 것은 잘 하지 못 한다. 그러므로 실패는 당연하다. 두려워하면
안 된다. 실패하는 자가 성공하는 자다. 실패는 다음의 성공을 위한 정보
를 제공해준다. 포기하지 않으면 언젠가는 이룰 수 있다.

우리는 실패하면 운이 나쁘다고 불평하는 경우가 있다. 정말로 운이
나쁜 것일까. 상황이나 일의 흐름이 나쁠 수도 있고 좋을 수도 있다. 그
것을 결정하는 요인들은 한두 가지가 아니다. 그러니 운이 좋다거나 나
쁘다고 생각하는 것은 현명하지 못하다. 최선을 다할 뿐이다. 인생길은
늘 포장도로의 연속이 아니다. 자주 비포장도로도 나오고 위에서 낙석도

떨어진다. 미리 예측할 수는 없다.

프로야구 선수들을 보면 좋은 플레이를 보여주는 때도 있지만 반드시 몇 차례씩 슬럼프를 겪는다. 그러나 아무도 그것 때문에 야구를 그만두지 않는다. 슬럼프는 슬럼프일 뿐 실패는 아니다. 극복하면 그만이다. 그 과정을 통해서 실패나 실수란 극복할 수 있고 그 다음에 더 잘할 수 있는 발전의 원천이란 것을 깨닫게 된다. 실패는 성공의 어머니라는 말이 괜히 생겨난 게 아니다.

실패해도 멈추지 않는다 ▶▶▶

실패했다고 해서 운이 나쁘다고 체념하지 말고 계속하는 것이 중요하다. 멈추면 안 된다. 결국 시간이 지나면 상황은 좋아지게 되어 있다. 방향과 방법을 수정하면 더 나은 결과를 얻을 수 있다. 멈추면 실패는 실패로 남는다. 멈추지 않으면 성공의 한 단계일 뿐이다.

실패했다고 해서 의기소침하거나 절망에 빠져 생활을 망가뜨리면 안 된다. 실패에서 교훈을 얻어야 한다. 그 교훈을 바탕 삼아 새로운 방법을 찾고 방향을 수정하여 다시 결심을 하고 다시 시도해야 한다. 실패는 미래의 성공을 위한 선물이라고 생각한다.

일을 포기한 다음의 행위는 중요하다. 만약 이때 스스로 반성하고 교훈을 얻지 못하면 역효과가 난다. 날씨나 건강이나 주변 사람 탓을 하게 되면 자기 책임을 다른 데로 떠넘기는 나쁜 버릇이 생긴다. 컴퓨터 용량 부족이 컴퓨터 잘못은 아니다.

관점을 바꾸면 답이 나온다 >>>

　어려운 퍼즐 문제가 풀리지 않을 때 반대편에서 보면 갑자기 해답이 보이는 수가 있다. 모든 일에는 좋은 면과 나쁜 면이 있다. 지금 좋은 것이 나중에 나쁠 수도 있고 지금 나쁜 것이 나중에 좋을 수도 있다. 어떤 상황에서든 다면적 사고를 할 필요가 있다.

　실패는 '패배'가 아니다. 실패는 단지 목적을 이루지 못한 상태일 뿐이다. 패배는 싸움에 져서 도망치는 것이다. 실패는 아직 끝난 사건이 아니지만 패배는 그것으로 '사건 종료'다. 실패했다고 좌절할 필요 없다. 다시 일어서서 목표를 달성하면 된다. 잘못을 반성하고 오류를 수정하고 다시 시작하는 것이 진정한 실패다. 그렇게 하지 않는 실패는 패배다. 실패하면 반대편에 서서 사태를 바라볼 필요가 있다.

낙관주의를 학습한다 >>>

　마틴 셀리그먼은 〈학습된 낙관주의〉에서 '비관적인 사람은 불행을 자기 자신의 탓으로 여긴다. 두뇌, 재능, 외모 등 모든 불행의 원인은 영원하며 바꾸려 해봤자 소용없다고 믿는다. 비관적 태도는 일, 인간관계, 건강 등 삶의 모든 영역에서 성공을 가로막는다.'고 말하고 있다.

　실패를 했을 경우에 자기비하의 태도를 버리지 못하는 사람은 그 실패를 뛰어넘지 못한다. 낙관주의자들은 재빨리 긍정적인 이유를 만들어낸다. 이 낙관주의를 학습해서 습관이 되어야 한다. 비관론자들은 상황을 보다 냉철하고 정확하게 바라본다. 빌 게이츠는 냉철한 비관론자처

럼 보이지만 탁월한 몽상가라는 점에서 뛰어나다. 대부분의 사람들은
이 두 가지를 동시에 지니지 못한다. 한 가지에만 능숙하다. 현실을 직시
하면서도 좀 더 비현실적인 몽상가가 되는 것, 즉 낙관주의와 비관주의
의 융합은 가장 바람직한 성공의 조건이다.

늘 방향 수정을 한다 >>>

　　실패도 성공이다. 실패에서 교훈을 찾아내고 방향 수정을 한다
면 실패가 자산이 되었기 때문이다. 이런 사람은 실패를 하더라도 언젠
가는 성공한다. 늘 긍정적인 방향으로 진화하기 때문이다. 실패에서 교
훈을 찾지 못하고 외부 탓을 한다면 그 실패는 반복된다. 자기 실패를 깨
닫지 못하기 때문이다.

　실패를 자기 잘못으로 깨닫는 것은 좋다. 그러나 실패하고 나서 교
훈을 얻기는커녕 스스로를 극단적으로 비하하는 것은 위험하다. "난 안
돼." "난 이런 인간이야." "할 수 있는 게 아무 것도 없어." 자기 연민과 자
기 비하는 가장 경계해야 할 감정이다. 이런 사람은 실패를 반복하거나
아예 다시 시도를 하지 못하게 된다.

　실패는 모든 실천 단계에서 계속 나온다. 교훈도 계속 얻어야 하고
방향 수정도 계속되어야 한다. 이것이 중요하다. 인생에서 가장 중요한
일은 실패를 많이 경험하는 일이다. 이것은 고통스럽고 어려운 일이다.
그러나 실패만큼 확실한 스승은 없다. 실패에서 배울 수 있다면 두려울
게 전혀 없다. 인간은 누구나 실패한다. 그러나 실패를 당해 좌절하는 사

람은 성공할 수 없다. 실패를 해도 교훈을 찾고 궤도를 수정하여 다시 시도하는 사람은 반드시 성공한다.

과거를 보지 말고 미래를 본다 ▶▶▶

과거와 미래는 현재를 중심으로 확연하게 갈린다. 같은 실패가 반복되리라고 생각하는 사람은 과거를 미래까지 확장한 사람이다. 과거는 과거이고 미래는 새로운 시간 영역이라고 생각하는 사람은 실패를 하더라도 늘 새로운 세계에서 새로운 시도를 하면서 살 수 있다.

비관주의자는 삶의 계속성을 가질 수 없다. 실패를 할 때마다 심리적으로 사망 상태에 이른다. 그러나 낙관주의자는 굴곡을 겪으면서도 영속적인 인생을 살게 되고 결국에는 성공하게 된다. 비관주의자는 문제가 발생하면 문제 속에 빠져버린다. 낙관주의자는 지금 당장에 할 수 있는 일이 무엇인지 찾아서 일단 그걸 한다.

비관주의자는 문제 하나 때문에 전체를 포기하지만 낙관주의자는 전체에 문제가 생겨도 할 수 있는 일을 놓지 않는다. 비관주의자는 실패를 자신의 문제로 생각하고 스스로에게 낙담하지만 낙관주의자는 실패를 방법론의 문제로 생각하고 방법을 바꾼다.

비판을 건설적으로 수용한다 ▶▶▶

비판을 받아들이는 것은 실패를 인정하는 것만큼 쉽지 않은 일이다. 천 번의 칭찬보다 한 번의 비판이 더 아프게 들린다. 그러나 비판

역시 실패와 마찬가지로 나의 발전을 위한 원동력이다. 비판을 잘 활용할 수 있는 지혜를 갖춰야 성공할 수 있다.

비판하는 사람을 긍정적으로 바라보자. 그러면 그의 비판도 건설적으로 수용할 수 있다. 비판하는 사람이 개인적으로 나를 싫어하기 때문에 비판할 수도 있다. 그러나 나에게 상당한 관심을 가지고 있지 않으면 나를 비판을 할 수 없다. 애정이 없으면 비판도 없다. 관심과 애정이 있기 때문에 오류를 수정하고 발전을 하도록 돕기 위해 비판하는 것이라고 받아들이면 어렵지 않게 받아들일 수 있다. 실제로 부부 사이에도 관심이 멀어지면 비판을 하지 않는 게 인간이다.

사람을 비판한다고 받아들이면 곤란하다. 사람이 아니라 나의 행동에 대한 비판이라는 생각으로 받아들여야 한다. 그러므로 비판하는 내용에만 관심을 기울여야 한다. 비판은 기본적으로 나에게 약이 되는 내용이다. 한 걸음 발전할 수 있는 기회다. 구체적으로 질문을 해서 고칠 수 있는 부분들은 고쳐나가야 한다. 비판을 들을 때는 감정을 배제해야 한다. 비판을 받으면 고맙다는 표시를 해야 한다.

기회 있을 때마다 개선한다 ▶▶▶

성공이란 어떤 기준을 만족시키는 상태를 말하는 것이 아니라 끊임없이 변화해가는 개선의 과정이다. 개선의 원칙은 간단하다. 기회가 있을 때마다 조금씩 개선하면 된다. 이것은 큰 고통을 겪지 않으면서도 장기적으로는 대단한 변화를 가져온다. 꾸준한 개선이야말로 점진적으로 발전해나가면서 지속적으로 성공을 유지할 열쇠이다. 끊임없이 새로운 결심을 하고 꾸준히 행동을 해나가는 것이다. 커다란 바위를 조금씩 깎아 사람의 형상을 조각한다고 생각하면 된다.

큰 문제에 부딪히거나 굴절을 겪을 수도 있다. 그러나 꾸준히 개선하면 큰 문제가 닥치기 전에 미리 해결할 수 있다. 그러므로 하루가 끝났을 때 오늘 무엇을 배웠는지, 그것으로 어떤 개선을 했는지, 즐겁게 일했는지 스스로에게 물어보아야 한다. 하루를 시작할 때 오늘도 무언가를 배우고 개선하고 즐겁게 일하기로 마음먹고 출발한다.

과정이 행복해야 한다 >>>

중요한 것은 작은 실천들이다. 계획되어 있는 것만 실행해도 목표에 도달할 수 있다. 그 이상을 한다면 훨씬 값진 보상이 돌아온다. 일에 대한 믿음과 열정, 그것이 옳은 일이라는 확신을 가지고 일을 한다면 성공할 확률이 훨씬 높아진다.

우리를 목표로 인도해주는 것은 작고 지속적인 활동이다. 이 작은 행위들을 성실히 실천할 때 큰 목표를 이룰 수 있다. 더 이상 나아갈 수 없다는 생각이 들 때에도 전진을 멈추면 안 된다. 아무 것도 이룰 수 없다는 생각이 들면 대부분의 사람들은 그 자리에 주저앉는다. 그러나 작은 일들이 모여 큰 가치를 이뤄낸다는 사실을 떠올리면 멈추지 않고 전진할 수 있다. 당장 할 수 있는 작은 일을 찾아 실행하면 된다.

장애물을 만나서 주저앉으면 소중한 에너지를 그냥 흘려보내는 꼴이다. 목표를 위해 지금 이룰 수 있는 일이 무엇인지 스스로에게 물어야 한다. 보잘 것 없는 일이라도 하면서 계속 나아가야 한다. 가는 길이 행복하지 않다면 목표 지점에 도착해서도 행복하지 않을 것이다.

문제에 파묻히지 않는다 >>>

성공한 사람들은 낙관주의자들이다. 두려움이나 부정적인 태도는 에너지 낭비다. 낙관주의자들은 다른 사람에게서 좋은 점들을 발견해 도움을 청한다. 열악한 조건에서도 긍정적인 부분을 찾아내 활용한다. 후퇴나 실패의 순간에도 교훈을 얻어 활용한다. 문제가 생겨도 거기에 파묻혀 있지 않고 해결책을 찾는다.

상황이 나빠지거나 문제가 생겼다고 해서 아무 것도 하지 않고 있는 것보다는 뭔가를 하는 것이 훨씬 낫다. 그것이 미래 지향적이다. 비관주의자들은 과거 지향적이다. 문제가 생겼을 때 부정적인 생각이 들고 걱정이 드는 것은 누구나 마찬가지이다. 그것을 넘어서지 못하면 실패한다. 그것을 넘어서면 한 단계 발전한다. 성공하기 위해서는 수천 개의 장애물을 넘어야 하고 수천 번의 패배를 당해야 한다.

실패 요인을 분석한다 >>>

자신감을 잃는 이유는 거듭되는 실패 때문이다. 한두 번도 아니고 계속해서 실패한다면 누구나 자신감을 잃을 것이다. 이 실패의 경험을 긍정적인 요인으로 바꾸기 전까지는 다시는 자신감을 되찾을 수 없다. 이때에는 작은 목표를 설정해 작은 성공을 거듭 경험하는 것이 치유의 방법이다. 이때 실패가 기회로 변한다.

실패를 기회로 만들려면 실패의 요인을 분석해보아야 한다. 그러면 무엇이 잘못됐는지 알 수 있다. 그것을 적용하여 일의 방법을 교정하고 작은 목표를 설정하면 서서히 성공 모드에 진입할 수 있다. 이 과정을 통해서 한 번 저지른 실수는 다시 저지르지 않게 되고 성공의 확률은 그만큼 높아진다.

방법을 계속 바꿔서 시도한다 >>>

실패는 끝이 아니라 새로운 방법을 찾아낼 기회다. 그래서 실패는 성공의 어머니다. 실패하면 방법을 바꾸지 않을 수 없다. 실패한 방법을 계속할 바보는 없다. 그러다보면 수많은 경험이 쌓이고 해서는 안 될 일과 해야 될 일들이 점점 명확하게 보인다. 성공의 확률이 더욱 높아지는 것이다.

기대한 결과를 얻지 못했다면 신속하게 접근 방식을 개선하고 방법을 바꿔야 한다. 개선은 한두 번으로 끝나는 일이 아니라 계속되어야 할 일이다. 지속적으로 개선해나가면 목표에 도달하는 최선의 방법을 알게 되고 결국에는 성공하게 된다.

개선할 때에는 모든 것을 걸어야 한다. 일이 잘 되어가는지 살펴서 문제가 있다면 하던 일을 중지하고 한걸음 물러서서 상황을 분석해야 한다. 분석이 끝나면 접근 방식을 바꾼다. 크게 잘못되지 않았다면 문제부분만 조금씩 바꿔나간다. 그러나 크게 문제가 되었다면 근본부터 바꿔야 한다. 완전히 새로운 방식으로 접근하는 것이다. 분석과 수정을 통해 개선해나가는 일은 성공을 위해서는 언제나 수시로 해야 할 일이다.

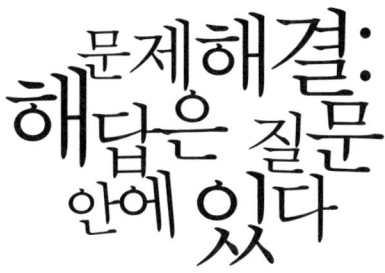

제10장

문제해결:
해답은 질문
안에 있다

생각의 초점을 바꾼다 ▶▶▶

　　문제가 발생하면 객관적 시각을 유지하기 어렵다. 그래서 문제의 핵심을 제대로 바라보지 못하고 문제 속에 매몰되고 만다. 결국 뭐가 문제인지조차 모르게 된다.

　　그럴 때에는 질문의 방식을 활용하는 것이 유용하다. 끈질기게 질문을 하면 실마리가 생긴다. 어떤 문제든 끈질기게 질문을 던지면 문제의 핵심을 알 수 있고 해답까지 얻을 수 있다. 답을 얻으면 행동에 옮기면 된다. 질문을 하는 이유는 생각을 끌어내려는 것이다. 생각이란 내가 질문하고 내가 대답하는 것이다. "좀 생각해 봐야겠는데."라는 말은 판단과 평가를 스스로 내려보겠다는 말이다.

　　스스로에게 질문을 던지면 모든 관심이 그 질문에 집중된다. 그러면 금방 대답이 나온다. 그 대답이 만족스럽지 못할 때에는 계속해서 질문하면 질문과 대답의 깊이가 점점 깊어진다. 결국에는 스스로 수긍할 만한 결과가 나온다.

한계를 뛰어넘는다 ▶▶▶

끊임없이 질문하면 좋은 답을 얻을 수 있고 좋은 답을 얻은 사람은 성공할 수 있다. 질문을 계속하면 질문의 내용이 점점 깊어지고 발전해간다. 질문의 내용과 수준이 점점 더 높아진다. 핵심에 가까워지는 것이다. 그리고 더 나은 답을 얻을 수 있다. 질문은 생각의 한계를 돌파하는 방법이다.

질문은 문제의 핵심과 그에 대한 답을 알려준다. 그것으로 앞으로 나아갈 방향이 잡힌다. 인생은 결국 질문에 대한 대답이고 산다는 것은 그것을 행동으로 옮기는 과정일 뿐이다. 인간의 발전은 모두 이 질문에서 나왔다.

어떤 사람은 아무 생각도 없이 사물을 바라본다. 어떤 사람은 "저건 왜 저러는 거지?" 하고 질문을 던진다. 어떤 사람은 "왜 반대로 하면 안되지?"라고 질문을 던진다. 그들은 사물의 존재 의미와 새로운 방법을 묻고 있다. 어떤 문제든 그 질문 안에 발전적인 해답이 있다.

감정 상태를 바꾼다 ▶▶▶

우리 두뇌는 엄청난 성능의 컴퓨터이다. 인간의 상상을 초월한다. 우리는 작은 퍼스널 컴퓨터에 의존해 많은 일을 처리하지만 사실 그 것은 보조적인 기구일 뿐이다. 대단히 창조적인 거대 용량의 컴퓨터는 바로 우리의 뇌이다. 우리는 이 뇌의 일부분만 사용하고 있는 셈이다. 질 문은 이 슈퍼컴퓨터에서 해답을 얻어내기 위한 검색어이다.

압박감을 느끼는 일에 사로잡혀 있으면 생각이 그 일에 사로잡혀 빠 져나오지 못한다. 계속 중압감에 짓눌려 행동하기도 싫은 것이다. 이럴 때는 생각의 초점을 빨리 바꾸면 된다. 방법은 간단하다. 질문을 하면 된 다. "왜 이렇게 우울한 거야?"라고 질문하는 순간 "보고서 때문에 스트레 스 받고 있잖아!"라는 대답이 나온다. "빠져나오려면 어떻게 해야 하지?" "가볍게 산책이나 하고 올까?" 계속 질문하면 계속 해답이 나온다. 부정 적인 생각에 사로잡혀 주저앉는 질문만 해대면 절망적인 대답밖에 나오 지 않는다.

우울한 질문을 하면 우울한 대답이 나온다. 그것이 정교한 우리 뇌의 작동 회로이다. "왜 이렇게 되는 일이 없지?"라고 물으면 안 된다. "일을 그따위로 하기 때문이지."라는 대답이 나오기 때문이다. "무슨 방법이 없 을까?"라고 물어야 한다.

문제 해결의 수준을 높인다 >>>

부정적인 질문을 던지면 후퇴하거나 정체하려는 대답이 나올 수밖에 없다. "도대체 왜 실패한 거야?"라는 질문을 던지면 과거를 후회 하는 수많은 기억이 대답으로 떠오르면서 점점 더 수렁에 빠지게 된다.

계속 질문을 던져서 긍정의 방향으로 이끌어가든지 순간에 긍정의 질문으로 방향을 확 틀어버려야 한다. 차라리 "당장에 할 수 있는 일이 없을까?"라고 질문하는게 발전적인 태도다.

높은 목표를 세우는 것이 성공의 한 조건이듯이, 질문에서도 기준을 높여가는 것이 좋은 대답을 얻을 수 있는 조건이 된다. 막연한 질문은 하지 않는다. 실행하기 위한 질문을 던져야 한다. 상식적인 질문을 던지지 말아야 한다. 엉뚱한 질문이나 도전적인 질문이 좋다. 상식을 일깨우려는 것이 아니라 잠재력을 일깨워야 하기 때문이다.

자기 능력을 믿고 질문한다 ▶▶▶

이루고 싶은 것이 있으며 그것을 질문으로 바꿔본다. 그러면 그 해답이 그것을 이룰 수 있는 방법을 가르쳐준다. 가치 있는 삶을 살기 위해서는 가치 있는 질문을 계속 던져야 한다. 그러나 답을 얻을 수 있다는 확신이 있어야 답을 얻을 수 있다. 그것을 이룰 수 있다는 자신의 능력에 대한 확신이 있어야 한다.

음식으로 체중을 조절하는 일은 누구나 쉽게 할 수 있는 간단한 일이다. 그러나 성공하는 사람은 지극히 드물다. 실패자들은 늘 몸에 좋은 음식보다는 맛있는 음식을 생각하기 때문이다. 음식을 천천히 즐기는 것보다는 배부르게 먹는 게 좋다는 생각을 하기 때문이다. 그러나 맛이나 양보다는 건강 우선의 질문들을 던져보면 미식과 과식이 고통스러운 결과를 만들어낸다는 걸 깨닫는다. 그러면 행동이 바뀌게 된다. 그러므로 자신에게 도움이 되는 질문을 던져야 한다.

그런데 어떻게 스스로에게서 답이 나올까. 그것은 이미 답을 알고 있기 때문이다.

활기찬 질문을 던진다 >>>
질문은 생각의 초점을 순간적으로 바꾸어 우리의 감정을 변화시킨다. 그러므로 질문을 던질 때는 그 초점을 생각하고 던져야 한다. "요즘 왜 이렇게 안 풀리지?"라는 질문이 나오면 생각의 초점은 안 풀리는 이유에 집중된다. 그러면 계속 답답한 감정 상태가 계속된다. "어떻게 하면 거기서 벗어날 수 있을까?"라고 질문하면 초점이 바뀐다. 새롭게 시도해볼 것들이 생각나고 마음이 기대에 차게 된다. 질문은 이처럼 발전적이어야 한다.

"더 나은 방법이 없을까?"라고 물으면 다른 방법이 떠오른다. 시도해볼 여지가 많아진다. "왜 다르게는 안 되지?"라고 물으면 획기적인 방식을 알려주는 대답이 나오게 되어 있다. 확신과 기대를 저버리지 말고 의식적으로 발전적인 질문을 던져야 한다. 그리고 질문의 단계를 계속 격상시킨다. 좀 더 나은 해답을 구하는 질문으로 연결 시키는 것이다. 생각의 초점이 능동적으로 바뀌면 감정 상태도 능동적으로 바뀐다.

새로운 질문을 던진다 >>>
계속 발전적인 질문을 찾아내고 질문의 수위를 격상시키기란 쉽지 않다. 때로는 질문이 막혀 제자리를 맴돌기도 한다. 그러나 "이것을 바꾸지 않으면 결국 어떤 대가를 치르게 될까?"라는 막다른 상태를 상정하는 것은 효과가 있다. '이것을 지금 당장 한다면 어떤 효과가 있을까?'라고 질문하면 당장에 행동이 가능하다. 새로운 생각과 시도들을 습관으로 만들어 나가는 과정을 꾸준히 반복해야 한다.

긍정적인 질문은 의욕을 불어넣어준다. "그 사람이 어떻게 나한테 그럴 수가 있지?"와 같은 질문은 부정적인 상태에서 빠져나오기 힘들다. 이럴 때는 차라리 "이 일에서 배울 수 있는 교훈은 뭐지?"라든가 "그 사람에게서 배울 수 있는 방법은 뭐지?"라고 묻는게 낫다. 누구에게서나 배울 수 있는 점들을 발견할 수 있으니까.

"이것을 더 발전시키려면 어떻게 하면 좋을까?"를 늘 생각하고 있으면 더 나은 대답이 나온다. 우리가 스스로에게 던지는 질문들은 '나는 누구인가? 어떤 능력을 갖고 있는가? 꿈을 이루기 위해 할 수 있는 것은 무엇인가?'를 깨닫게 만들어준다.

질문의 차원을 높여간다 ▶▶▶

스스로를 믿는 것이 자신감이다. 자신감이 있으면 질문도 달라진다. 안 되는 방향으로는 생각하지 않는다. 뭐든지 할 수 있다는 전제에서 질문을 한다. 그러므로 긍정의 질문이 나온다. 자신의 잠재 능력을 제한하는 질문을 하면 안 된다. 질문의 범위를 제한하는 것은 스스로를 울타리에 가두는 것이다. 자신에 대한 믿음이 있으면 긍정의 대답이 나온다.

활력을 얻을 수 있는 질문을 하도록 반복 훈련을 하는 것이 중요하다. 중요한 것은 문제가 아니라 문제를 어떻게 처리하는 방식이다.

질문의 수준이나 차원을 한 단계씩 높여가는 것이 가장 중요하다. 아침에 일어나서 '아, 왜 이리 피곤하지? 출근하기 싫어. 하루 쉴 수 없을까?'라고 생각하면 피곤한 느낌 속에서 빠져나오기 힘들다. '아, 왜 이리 피곤하지? 샤워를 하면 나아질까? 스트레칭을 할까? 회사까지 뛰어갈까?'라고 생각하면 질문이 한 단계 업그레이드된 것이다.

매일 해야 할 질문이 두 가지 있는데 "이 일의 좋은 점은 뭔가?"라는 것과 "이것을 기회로 활용할 수 있을까?"라는 질문이다. 이것은 이기적인 질문도 아니요 기회주의적인 질문도 아니다. 어떤 부정적인 상황에서도 긍정의 방법과 의미를 알려주는 질문이다. 우리는 그 긍정의 의미를 깨달으면 앞으로 나아갈 수 있다. 이것이 바로 문제가 곧 해답이 되는 질문이다. 해답이 나온 다음에는 행동이 뒤따라야 한다.

제11장

몸을 최상의 상태로 유지한다 >>>

　　몸이 건강하지 않으면 아무 것도 할 수 없다. 성공하기 위해서
는 하루하루를 활력 넘치게 생활할 수 있는 몸을 갖추어야 한다. 늘 피곤
하고 쳐져 있다면 능력을 발휘할 수 없다. 자는 것 먹는 것 등 생활 방식
을 바꾸어야 한다. 몸을 건강하게 유지할 수 있고 자신의 몸을 마음대로
움직일 수 있다면 자신의 생활을 지배할 수 있고 자신의 일을 지배할 수
있고 결국 성공에 이를 수 있다.

　　건강하다는 것은 몸이 아프지 않다는 뜻이다. 그러나 실제로는 그 이
상의 뜻이 담겨 있다. 몸이 편안해서 행복감을 느끼고 일을 얼마든지 할
수 있을 것 같은 활력이 넘치는 상태여야 한다. 그러므로 건강하다는 것
은 아픈 데가 없다는 정도를 넘어서서 육체적으로 최상의 상태라는 뜻

이라고 생각해야 한다. 최상의 상태가 아닌 육체는 뭔가 이상이 있는 몸이다. 그 정도로 건강을 유지하기 위해서는 단순히 먹고 자고 쉬는 것만으로는 안 된다. 자기 몸의 소리를 들을 줄 알아야 한다. 몸의 리듬을 느낄 수 있어야 한다. 병이 나기 전에 알아야 하고 병이 나도 이겨낼 수 있어야 한다.

몸은 행복의 원천이다. 우리는 흔히 육체보다 정신이 더 중요하다고 생각한다. 육체의 행복보다는 정신의 행복이 진짜 행복이라고 생각한다. 그러나 육신이 조금만 아파도 정신적 행복은 모두 달아나 버린다. 정신의 아픔은 얼마쯤 통제가 가능하지만 육체적 고통은 통제되지 않는다. 정신적 고통은 잠시 잊을 수도 있지만 육체적 고통은 잊어버릴 수 없다. 인간의 행복에 육체는 그만큼 중요하다.

되도록 많이 움직여야 한다 >>>

육체를 행복하게 해주기 위해서는 건강해야 한다. 하루 30분이나 1시간 정도만 운동을 해도 몸이 쾌적해지고 행복한 상태에 이른다. 우리 조상들은 하루 먹을거리를 얻기 위해 서너 시간은 사냥감들을 쫓아다녔다고 한다. 우리 신체는 그런 활동에 맞게 진화해 왔고 우리 유전자에는 그런 활동의 경험이 새겨져 있다.

하지만 하루 서너 시간의 운동을 견뎌낼 사람은 요즘에는 거의 없다. 그것도 짐승을 쫓는 일처럼 거친 자연 속에서 격렬하게 움직인다는 것은 무리다. 그만큼 요즘 사람들의 운동량은 우리 몸에는 너무나 부족하다.

운동을 한다고 해도 피곤하기는 여전하다. 그러나 그것은 제대로 강도 높은 운동을 하지 않았기 때문이다. 몸이 지칠 정도의 운동은 오히려 더 많은 활기를 되돌려준다. 우울증이 가시고 적극적인 자세가 된다. 통증이 가시고 몸은 평화로운 상태가 된다.

자전거를 타거나 맨발로 걷거나 헤엄을 치는 것 같은 동작들은 일상에서 잘 하지 않은 몸짓들이다. 그러므로 걷는 것도 좋지만 이런 특별한 운동을 해보는 것도 좋은 자극이 된다. 엘리베이터를 타지 않고 층계를 뛰어오르는 것도 좋은 방법이다.

승마처럼 동물과 어울리는 운동, 암벽 등반처럼 극도로 아드레날린이 솟구치는 운동, 마라톤처럼 체력의 한계에 도전하는 운동들은 몸에 더욱 좋다. 바다나 하늘에서 하는 이색 스포츠도 좋을 것이다.

작은 원칙들을 성실히 지킨다 >>>

몸을 격렬하게 움직이는 것만이 건강을 지켜주는 것은 아니다. 헐떡거리면서 사는 허약한 사람들은 심호흡 몇 번만 해도 머리가 맑아진다. 명상을 하는 것도 좋은 방법이다. 조상들은 많은 운동을 하면서도 고요한 시간을 가질 수 있었으므로 건강한 몸 상태를 유지했겠지만 우리는 운동도 부족하고 고요한 시간을 갖지도 못하고 있다. 그러므로 두 가지를 병행하는 것이 좋다.

또 하나의 건강법은 웃음이다. 웃음은 인류 최고의 건강 보조제다. 미소를 짓든 하하 소리 내어 웃든 상관없다. 하루 세 번쯤 마음껏 웃을 수 있다면 하루가 훨씬 즐거워질 것이다. 전혀 비용이 들지도 않고 힘이 들지도 않는다. 대신 효과는 엄청 좋다.

잠은 건강에 가장 중요한 요소이다. 일찍 자고 일찍 일어나는 것은 만고불변의 건강법이다. 저녁은 가볍게 먹고 밤에는 음식을 먹지 않는다. 편안한 잠자리에서 등을 바닥에 대고 깊은 잠에 빠진다. 운동을 잘 하면 잠을 잘 잘 수밖에 없다. 그러므로 건강의 여러 요소들은 서로 연결되어 있다. 어느 것 하나만 빠져도 몸이 불편해진다.

음식은 기름진 것보다는 질 좋은 것을 먹는다. 먹을 때는 생산한 사람과 조리한 사람과 음식 자체에 감사하는 마음으로 즐겁게 먹는다. 많이 먹지 않는다. 조금만 먹는다. 음식에 대한 욕심은 수많은 다른 욕심을 불러온다.

무리하지 않게 운동한다 ▶▶▶

우리가 운동을 할 때에는 신기록을 내려고 하는 게 아니다. 우리는 국가대표 선수가 아니다. 그저 자기 몸을 최상의 상태로 만들고 싶은 평범한 사람이다. 뛰는 자세가 이상하다고 누가 비웃지 않는다. 너무 느리게 뛴다고 비웃지도 않는다. 그저 즐거운 정도로 즐기고 싶은 만큼만 속도를 내면 된다. 그것이 자신의 속도이다.

뛰기 싫으면 천천히 걸으면 된다. 같이 산책할 사람이 있으면 같이 걷는다. 호흡을 천천히 조절하면서 자신의 몸의 변화를 느껴본다. 주변의 풍경과 냄새와 소리에 귀를 기울여 본다. 계절의 변화도 느껴본다.

만약에 다이어트를 해야 한다면 지나치게 하지 말고 규칙적으로 조금씩 해나가야 한다. 혁명이 아니라 발전시키는 것이다. 혁명을 일으키면 반드시 몸에 반동이 온다. 조금씩 발전시키면 그것이 습관이 된다. 습관이 되면 좀처럼 바뀌지 않는다. 운동이나 음식은 조금씩 바뀌나가는 게 성공의 비결이다. 평생 지속해 나가야 한다고 생각한다.

건강법을 시험해본다 ▸▸▸

건강한 습관을 유지하기 위해 몇 가지 사항을 실험적으로 실천해본다. 매일 상태를 점검해 얼마나 달라졌는지 기록한다. 이전과 비교해 몸이 훨씬 가벼워졌다는 느낌이 들면 자기 몸에 맞는 방법이라는 의미이므로 이 건강법을 지속적으로 유지하는 것이 좋다. 6개월 정도 지켜나가 자신의 건강 습관으로 자리를 잡으면 평생 건강하게 살 수 있다. 아주 간단한 방법이기 때문에 특별히 힘들지 않다.

1. 술과 담배를 완전히 끊는다.
2. 육류, 가공식품, 인스턴트식품을 끊고 채식 위주로 먹는다.
3. 차나 청량음료 대신 신선한 물을 자주 많이 마신다.
4. 자주 심호흡, 스트레칭, 근력 운동을 한다.
5. 매일 30분 이상 약간 격렬하게 유산소 운동을 한다.

이 정도만 매일 실천해도 몸이 가벼워지고 늘 에너지가 충만한 느낌으로 생활할 수 있다. 어떤 일이든지 활기차게 할 수 있으려면 이 정도는

투자해야 한다. 몸이 건강해야 어떤 일에든 최선을 다할 수 있다. 몸이
건강해야 성공할 수 있다.

제12장

기록:문자의 힘을 이용한다

문자는 마음속에 오래 남는다 ▶▶▶

    문자는 생각이나 소리와 달리 시간의 제약을 받지 않는다. 훨씬 오래 보존할 수 있고 훨씬 단순명료하게 표현할 수 있다. 따라서 어떤 사실이나 생각을 문자로 기록해두면 좀 더 확실하게 인지할 수 있다. 동시에 문자의 형태가 가지고 있는 시각 효과는 우리 무의식 속에 깊이 각인된다. 그래서 문자로 적혀 있는 내용을 보면 어떤 문제나 주제를 상기시키는 데 훨씬 효과적이다. 결국 우리 두뇌를 훨씬 효과적으로 자극할 수 있다. 꿈이 이뤄지기를 바라면 간절한 마음으로 그 내용을 문자로 기록해 수첩이나 종이에 적어 가지고 다니면서 틈틈이 보는 것도 좋다. 눈으로 늘 보면 성취 효과가 더 크다.

    반드시 이루어진다는 믿음이 중요하다. 문자로 적어놓은 것이 이루어졌다면 그것은 자신의 무의식에 암시를 주어 자동으로 이뤄지게 이끈 것이다. 아니면 세상을 향해 보낸 메시지에 누군가가 응답을 해주었고 할 수 있다. 융의 동시성 이론이라고도 하고 우주의 메시지라고도 하고 신의 개입이라고 하는데 무엇이건 상관없다. 이루어질 건 이루어진다.

문자로 적으면 두뇌에 자극이 가서 우리의 무의식에 저장된다. 그 사실을 인지하면 슈퍼컴퓨터인 우리의 두뇌는 기록된 사실을 놓치지 않는다. 그리고 그쪽으로 움직이게 된다.

기록하면 뇌에 자극이 된다 >>>

계획을 세울 때 만들었던 목표들을 단계별로 기록한다. 기록을 하면 자신도 모르는 사이에 잠재의식이 작동한다. 수첩을 가지고 다니면서 생각나는 것들을 그때그때 기록하는 것만으로도 뇌에 자극을 줄 수 있다. 자주 읽어보면 더 효과가 있다. 의식하지 않아도 자주 떠오른다.

원하는 상황을 가능한 한 자세하게 묘사하는 것이 좋다. 열정을 갖고 묘사해야 한다. 근심과 걱정을 기록하면 해답이 나온다. 그러므로 막연하게 걱정만 하고 있지 말고 구체적으로 써보아야 한다. '왜 이런 일이 생겼을까?' '나 때문일까?' '건강 때문일까?' 생각나는 대로 기록한다. 그러면 해결책에 나온다.

나폴레온 힐은 "마냥 원하기만 하는 것과 원하는 것을 받을 준비가 되어 있는 것은 다르다. 정말로 얻을 수 있다고 믿어야 준비되었다고 할 수 있다. 단순한 소망이나 희망이 아니다. 신념을 가져야 한다. 조금도 의심하지 않을 만큼 굳게 믿어야 한다. 조금도 흔들리지 않아야 한다. 그리고 무엇을 원하는지 스스로 알아야 한다." 기록하는 것도 그런 준비의 하나다.

기록하면 변화가 찾아온다 ≫≫

문제가 풀리지 않아 막막한 때는 해답이 떠오를 때까지 계속 기록하면 된다. 문제의 해답을 찾기 위해 질문을 계속 던지는 방법과 같다. 우리 두뇌는 그 동안에 해답을 찾아낸다. 기록하면 우리 몸의 모든 감각이 무의식중에 그 문제에 집중된다. 그냥 써보기만 해도 해답이 떠오른다. 우리 뇌는 슈퍼컴퓨터이니까.

뭘 써야할지 모르면 '뭘 써야 할지 모르겠다.'고 쓴다. 뭐가 문제인지 모르겠으면 '뭐가 문제인지 모르겠다.'고 쓴다. '뭐가 문제지?'라고 계속 쓴다. 생각이 떠오르면 '이게 문젠가?'라고 쓴다. 자기 생각을 계속 쓰고 또 쓴다. 이것은 도전이다. 틀림없이 변화가 일어나 윤곽을 잡을 수 있다. 멈추지 않고 계속 기록해나가면 해답이 나온다. 우리 두뇌가 우리의 상상보다 훨씬 성능이 좋기 때문이다. 질문을 계속하면 대답이 나온다.

멈추지 말고 기록한다 ≫≫

도저히 방법이 없다는 절망적인 생각이 드는 때도 있다. 뭘 쓰는 것조차도 의미 없고 쓰기도 싫다. 그때에도 유일하게 할 수 있는 일은 해답이 나올 때까지 질문하고 기록하는 것이다. 어느 순간에 해결책이 떠오른다. 자연스럽게 '할 수 있다.'는 생각이 들고 그것이 '오늘 할 일'이 된다.

생각을 적어나가면서 계속 질문하면 목표가 구체적으로 좁혀진다. 애매하거나 일반적이거나 범위가 넓은 것들은 별 효력이 없는 해결책들이므로 지워나간다. 상세히 기록한다. 그러면 목표나 할 일이 구체적으로 정리된다. 반드시 이유를 기록한다. '왜 그것을 바라는가?'라는 질문이다. 그것은 그 목표가 자신에게 얼마나 중요한 문제인지 확인시켜 준다.

현재 시제로 기록한다 》》》

원하는 것을 현재 시제로 다짐하는 것처럼 현재 시제로 기록하면 믿음이 더 굳어진다. 현실처럼 믿어버리는 게 좋다. 아예 바라는 바가 이뤄졌다고 써버려도 상관없다. 파리에서 6개월쯤 거주하고 싶다면 '난 지금 파리에 6개월째 살고 있다.'고 쓴다. 예상 결과를 기록하면 목표에 집중할 수 있다. 결과를 기록할 때에는 '왜?'라는 질문을 끝까지 던져본다. '왜?'라는 질문을 계속 던지면 결과의 핵심에 도달한다. 그러면 더 큰 자신의 꿈을 만날 수 있고 그 꿈이 더욱 생생해진다.

원하는 것이 무엇인지 분명하게 깨달아야 얻을 수 있다. 기록하고 질문하는 것은 그 과정이다. 다른 말로 표현하자면 필요한 것은 결국 자신이 만든다는 말이다. 원하는 결과를 마음에 담아두면 사건이 일어나도록 영향을 미칠 수 있다. 기록은 실행하기 위한 것이다. 조그만 행동이라도 실행하지 않으면 의미가 없다.

원하는 것을 기록하는 것은 목표를 무의식에 새기는 것이다. 결국은 자신에게 메시지를 보내 자신이 이뤄나가는 것이다.

우리는 누구나 꿈을 지닌 채 살고 있다. 뿐만 아니라 <u>스스로도</u> 믿을 수 없을 만큼 엄청난 재능을 가지고 있다. 그러나 언제부터인가 이뤄보겠다고 생각했던 꿈들이 더 이상 이뤄지지 않으리라 생각하며 절망 속에 살고 있다. 더 이상 꿈을 이루려고 노력하지도 않고 평범한 일상 속에 파묻혀 살고 있다.

우리는 지금 행복한가? 풍요롭고 자유로운가? 자기가 하고 싶은 일을 자기 의지대로 하면서 생활을 유지하고 스스로 만족하면서 즐겁게 일하고 있는가? 꿈을 하나둘 이뤄가며 살고 있는가? 세상은 끊임없이 경제 위기를 말하고 우리는 경쟁의 투기장에서 아등바등하며 살고 있다. 이런 상황이 끝날 것 같지 않다. 우리 모두는 이런 분위기에서 벗어나 편안하고 풍요롭게 살고 싶어 한다.

지금보다 더 행복하게 살기를 원하는 것은 누구나 가지고 있는 바람이다. 현재의 삶이 어떻든 그것과는 상관없이 더 나아지려는 욕망이 인간에게는 있다. 하지만 열심히 산다는 것도 귀찮은 일이어서 대충 살아가는 사람들이 대부분이다. 그래서 현재 상황을 벗어나 더 나은 생활을 이루려는 노력이 성공하면 우리는 그것을 '성공'이라고 부른다.

하지만 그것이 성공일까? 성공했다는 사람들은 대개 많은 돈과 높은 지위를 누리면서 바쁘게 살아간다. 솔직히 말하자면 욕망의 굴레에서 벗어나지 못하고 허우적대고 있다. 그와는 달리 성공한 삶이란 단순하다. 스스로 만족하면서 행복하게 사는 것이 성공한 삶이다.

성공은 돈이나 지위와는 별 상관이 없다. 가장 중요한 것은 어떻게 살아야 할지를 자기 스스로 결정하는 것이다. 그리고 그 방향으로 가기 위해 스스로의 의지로 움직이는 것이다. 그리고 그 과정을 성실하게 밟아나가는 것을 성공이라고 부른다.

그러므로 성공은 결과물이 아니다. 성공은 끊임없이 무언가를 달성해나가는 과정이다. 우리가 행복을 느끼는 것은 수억의 돈을 모아서가 아니고 모으는 과정에서 스스로를 통제하면서 사회에 기여를 하고 자신의 가치에 맞는 삶을 살기 때문이다.

하지만 사람들은 스스로 선택하고 스스로 행동하는 삶을 살지 못하고 있다. 평생 남에게 이끌려 산다. 돈과 지위를 얻는 것만으로는 행복한 삶이 불가능하다. 성공은 자기 인생을 자기가 사는 것이다. 그럴 때 돈도 지위도 다 같이 따라온다. 속이 텅 빈 '공자님 말씀' 같지만 이것은 진리다.

그렇다면 도대체 어떻게 해야 성공할 수 있을까. 조금만 바꾸면 된다. 지금처럼 계속 살고 싶은가 아니면 좀 더 나은 삶을 살고 싶은가. 변화하고 싶은가 아니면 살던 대로 살고 싶은가. 약간의 방향 수정이 일생을 다르게 만들 수 있다. 우리는 누구나 완벽한 존재로 태어났다. 100층 빌딩 두 개에 맞먹는 크기의 컴퓨터를 지니고 있는 지능적인 존재다. 자기 안의 그 무한한 능력을 일깨울 수 있다면 우리는 꿈을 다시 살려내고 그것을 이룰 수 있다.

"나는 지금 내가 생각하고 있는 것보다 훨씬 큰 존재다."

성공하고 싶다면 이 말을 잊지 말자. 그리고 생각을 조금만 바꿔보자. 마음만 먹으면 된다.